Reinhold Andert
Heilige Lanzen

## *Zum Autor*

Reinhold Andert, geb. 1944, wuchs in Sömmerda auf. Mit der Absicht katholischer Priester zu werden, besuchte er ein bischöfliches Vorseminar. Danach erlernte er den Beruf eines Orgelbauers, studierte von 1964 – 69 Philosophie und Geschichte an der Berliner Humboldt-Universität und lehrte an der Musikhochschule „Hanns Eisler" Philosophie.

Als politischer Liedermacher und Mitbegründer des Berliner Oktoberklubs wurde er für zwei Jahre FDJ-Kulturfunktionär. Sein Ausschluss aus der SED 1979 war verbunden mit einem Auftritts- und Publikationsverbot. In den folgenden Jahren vertiefte er seine Geschichtskenntnisse und spezialisierte sich auf mitteldeutsche Ur- und Frühgeschichte. Das vorliegende Buch ist das dritte zu diesem Themenkreis nach „Der Thüringer Königshort" und „Der fränkische Reiter".

Reinhold Andert

# Heilige Lanzen

Dingsda-Verlag

Herausgegeben von Joachim Jahns

1. Auflage 2013

Dingsda-Verlag Querfurt
Chopinstraße 11 a, 04103 Leipzig
Internet: www.dingsda-verlag.com

Lektorat: Peter Slama
Typografie und Umschlaggestaltung: Klaus Nitsch
Titelabbildung: Heilige Lanze, neben abgezogener Manschette, karolingisch, Kaiserliche Schatzkammer Wien
Bildnachweis: Kunsthistorisches Museum Wien
Schrift: Garamond

ISBN 978-3-928498-27-2

# Inhalt

## Teil II

# Vorwort

Vor gut eintausend Jahren wurde Ostfranken zum deutschen Reich. Das deutsche Stammland war das Herzogtum Sachsen, die Heimat der ottonischen Könige und Kaiser. Von hier aus schmiedeten sie Schwaben, Bayern, Franken, Lothringen und Sachsen zu einem Land zusammen. Von Sachsen brachen sie auf, um die slawischen Stämme jenseits der Elbe zu unterwerfen. Nach Sachsen kehrten sie zurück, um in ihren Lieblingspfalzen Magdeburg, Quedlinburg, Merseburg oder Allstedt die Winter zu verbringen und die hohen Feste zu feiern. In Erfurt und in dem südthüringischen Dorf Rohr fanden wichtige Reichsversammlungen statt. An der Unstrut in Memleben starben die ersten beiden Ottonen. Thüringen und Sachsen-Anhalt waren einst der Mittelpunkt Deutschlands.

Unter den Nachfolgern der Ottonen verschob sich dieses Zentrum in den Südwesten. Die sächsischen Pfalzen verfielen. Sie wurden zu Steinbrüchen für neue Kirchen, Burgen oder Scheunen. Von einigen Pfalzen weiß man heute nur noch die Namen, nicht aber den genauen Ort. Das wenige, was aus dieser Zeit erhalten blieb, findet man an einigen Kirchen und kann es auf der „Straße der Romanik“ bewundern.

Der ottonische Staat war ein voll ausgebildetes Machtinstrument, mit dem eine zahlenmäßig kleine Elite die Masse des Volkes beherrschte. Wie sie das tat, ist ziemlich genau überliefert. Das ist ein Glücksfall in der Geschichtsschreibung, denn später verstanden es die Eliten, ihre Mittel und Wege geschickt zu verschleiern. Die ottonische Elite erfand kaum etwas Neues, sie übernahm nur uralte Methoden. Wie alt diese sind, darum soll es in diesem Buch gehen.

Es ist schwer, Herrschaft vor Beginn der Schriftgeschichte nachzuweisen, aber die Archäologen geben zumindest Hinweise. Seit dem Ende der Steinzeit, dem Neolithikum, lassen unterschiedlich ausgestattete Gräber, verschiedene Hausgrößen, aufwendig errichtete Befestigungen und Grabanlagen sowie Sonnenobservatorien eine auffallend starke soziale Gliederung vermuten. Ganz sicher aber lässt sich frühgeschichtliche Herrschaft nachweisen durch eine Wissenschaft, die dafür noch wenig in Anspruch genommen wurde. Es ist die vergleichende Sprachwissenschaft. Ein Zweig davon ist die Grundsprachenforschung. Begründet wurde sie Mitte des letzten Jahrhunderts durch den Heimat- und Sprachforscher Erich Röth. Er stellte anhand der Grundsprache westthüringischer Bauern fest, dass sie seit dem Neolithikum ununterbrochen in ihrer thüringischen Heimat gelebt haben müssen. Im Laufe der Zeit wurden sie lediglich von wechselnden Völkern und Kulturen herrscherlich überlagert. Immer wieder gelang es den Eliten, ihre Herrschaft zu rechtfertigen, indem sie die Masse des Volkes dumm hielten und belogen. Ein Beispiel dafür ist die im Folgenden beschriebene Heilige Lanze der Ottonen.

Die Beschäftigung mit der Geschichte ist, wie oft zu hören, kein Selbstzweck. Die einen befassen sich mit ihr, weil sie weder für sich noch für die Gesellschaft eine Zukunft sehen und sich deshalb in die „gute alte Zeit“ zurücksehnen. Andere, die im Dienst der Eliten stehen, benutzen die Geschichtsbetrachtung für die Rechtfertigung des jeweiligen Systems. Eine dritte Gruppe aber taucht unvoreingenommen in die Vergangenheit ein, sichtet alle verfügbaren Quellen und ergänzt das, was fehlt, was verschwiegen oder vernichtet wurde, mit der Logik des gesunden Menschenverstandes. Sie will erfahren, was aus der Vergangenheit zu bewahren ist und was nicht. Durch dieses Wissen fühlt sie sich verpflichtet, die heutigen Verhältnisse dementsprechend zu ändern. Das Buch, das Sie in den Händen halten, liebe Leserinnen und Leser, will Sie ermuntern, sich dieser dritten Gruppe anzuschließen.

Frühjahr 2013 Reinhold Andert

# Teil I

## Die Heilige Lanze

### *Herkunft und Geschichte*

In der Schatzkammer der Wiener Hofburg befinden sich die Insignien der deutschen Könige: die Krone, das Zepter und der Reichsapfel. Besonders die Krone ist ständig umlagert. Das Funkeln ihrer Edelsteine erfüllt den ganzen Raum. Bei diesem Glanz bemerkt kaum ein Besucher in der Ecke eine unscheinbare Vitrine. Darin liegt eine rostige Eisenspitze, mit einem Stück Goldblech überzogen und einem goldenen Draht umwickelt. Es ist die Heilige Lanze. Diese Lanze war lange Zeit das wichtigste Zeichen der königlichen Macht. Sie war bedeutender als Krone, Zepter oder Reichsapfel. Vor allem zur Zeit der Ottonen war die Heilige Lanze das Zeichen und die Legitimation königlicher Herrschaft. Welch außerordentliche Bedeutung diese Lanze hatte, zeigt die folgende Episode:

Als Otto III. im Jahre 1002 kinderlos in Italien gestorben war, begann zwischen den deutschen Herzögen der Kampf um seine Nachfolge. Die aussichtsreichsten Kandidaten waren am Ende nur zwei: Heinrich IV., der Herzog von Bayern, und Ekkehard I., der Markgraf von Meißen. Ekkehard wurde ermordet, und der Bayernherzog regierte als König Heinrich II. bis zum Jahre 1024. Eine Schlüsselrolle bei der Erlangung der Königsmacht spielte die Heilige Lanze. Der Merseburger Bischof Thietmar berichtet darüber in seiner Chronik:

*„... Die trauernden Scharen gaben dem Toten (d. h. Otto III. – R. A.) das Geleit, wiewohl sie sieben Tage ohne Unterlass Angriffe abzuwehren hatten, bis sie endlich Verona erreichten. Als sie, von da weiterziehend, Polling, den Hof des Augsburger Bischofs Siegfried, erreichten, wurden sie von Herzog Heinrich (Heinrich IV. von Bayern – R. A.) empfangen, dessen Tränen sie erneut tief bewegten. Heinrich versuchte in Einzelgesprächen zu erreichen, doch ihn zum Herrn und König zu erwählen. Auch nahm er den Leichnam und den königlichen Schmuck an sich, mit Ausnahme der Lanze, die Erzbischof Heribert für sich behalten und bereits insgeheim vorausgeschickt hatte. Der Erzbischof wurde deshalb verhaftet. Er durfte erst abreisen, nachdem er seinen Bruder als Geisel gestellt hatte. Auch lieferte er dann die Lanze aus."*

Ohne diese Heilige Lanze war es demnach für den bayrischen Herzog Heinrich nicht möglich, König zu werden. Was es mit dieser Lanze auf sich hatte und wie der erste deutsche König Heinrich I. in ihren Besitz kam, darüber schrieb der Chronist und Bischof Liutprand von Cremona:

*„Der Burgunderkönig Rudolf (Rudolf II. – R. A.), welcher einige Jahre lang in Italien geherrscht hatte, erhielt diese Lanze zum Geschenk vom Grafen Samson. Diese Lanze also, sagt man, habe einst Konstantin dem Großen gehört, dem Sohne der heiligen Helena, welche das Leben bringende Kreuz fand, und auf dem mittleren Grate, den ich vorher Schenkel nannte, trägt sie Kreuze aus den Nägeln, welche durch die Hände und Füße unseres Herrn und Erlösers Jesu Christi geschlagen sind. Weil aber die Sache, um die er (König Heinrich I. – R. A.) bat, ein Kleinod war, durch welches Gott das Irdische mit dem Himmlischen verknüpft hat – nämlich der Eckstein, der aus beiden eins macht –, so ward König Rudolfs Herz erweicht, und er übergab es persönlich dem gerechten König. Mit welcher Freude aber König Heinrich jenes unschätzbare Kleinod empfing, das zeigte sich auf mancherlei Weise, insbesondere aber dadurch, dass er den Geber nicht nur mit Gold und Silber, sondern*

*auch mit einem ansehnlichen Teile des Schwabenlandes beschenkte. Gott aber ... hat in dieser Zeitlichkeit bereits durch einige Anzeichen zu erkennen gegeben, indem der König stets die Feinde, welche sich gegen ihn erhoben, mit Vortragung dieses siegreichen Zeichens geschreckt und in die Flucht geschlagen hat. Auf diese Weise also, oder vielmehr durch den Willen Gottes, gelangte König Heinrich zum Besitz der Heiligen Lanze ...*"

Die wahre Herkunft dieser Lanze liegt im Dunkel. Erstmals erwähnt wird sie 921/922, als der sonst unbekannte Graf Samson aus Norditalien dem Burgunderkönig Rudolf II. mit der Lanze die Herrschaft über die Lombardei übertrug. Heinrich I. bekam sie von Rudolf wahrscheinlich 935 bei einem Fürstentreffen in Ivois. Alles andere, was über diese Lanze berichtet wird, sind Legenden. Ihr Ursprung steht im Johannes-Evangelium der Bibel:

*„Als sie aber an Jesus kamen, zerschlugen sie ihm die Schenkel nicht, da sie sahen, dass er schon gestorben war, sondern einer der Soldaten stach ihn mit einer Lanze in die Seite, und alsbald kam Blut und Wasser heraus." (19,33)*

Im 5. Jahrhundert entstand eine Sage, wonach jener Soldat, der Jesus in die Seite gestochen haben soll, Longinus hieß. Später, so die Sage weiter, soll Longinus Christ geworden sein und den Märtyrertod erlitten haben. Seine Lanze gelangte um das Jahr 300 in den Besitz des römischen Hauptmanns Mauritius, des Anführers der sogenannten Thebaischen Legion. Auch Mauritius war Christ und starb während der Christenverfolgung unter Kaiser Diokletian als Märtyrer. Deshalb galt die Lanze als Doppelreliquie und später, als ein Nagel vom Kreuz Jesu hinzugefügt wurde, sogar als dreifache Reliquie.

Im Jahre 936 übernahm Otto I. die Herrschaft und mit ihr die Heilige Lanze. Otto geriet in den ersten Jahren seiner Regierung mehrmals in solch arge Bedrängnis, dass sein Leben in höchster Gefahr war. Immer wieder verlieh ihm, so Liutprand, die Heilige Lanze den Sieg und rettete ihm das Leben. Auch die Nachfolger Ottos müssen diese Lanze ständig mit sich geführt haben, wie die Episode nach dem Tod Ottos III. zeigt. Der Bayernherzog Heinrich ließ sich bei seiner Krönung in Mainz vom Erzbischof Willigis die Lanze als Zeichen seiner Herrschaft feierlich überreichen. Auch die sächsischen Grafen, die zunächst gegen den Bayernherzog waren, erkannten ihn 1002 in Merseburg als König an, indem ihr Wortführer, Herzog Bernhard I., ihm noch einmal symbolisch die Heilige Lanze übergab.

Im späten Mittelalter wechselte die Lanze während der Kämpfe der Könige mit dem Adel öfter den Besitzer. Immer wieder aber kehrte sie in den Königsschatz zurück. Im Jahre 1424 übergab Kaiser Sigismund der Stadt Nürnberg die Reichsinsignien, darunter auch die Heilige Lanze, zur ewigen Verwahrung. 1800 wurde sie aus Furcht vor den heranrückenden Franzosen von Nürnberg in die Schatzkammer der Wiener Hofburg geschafft. Als Österreich 1938 „heim ins Reich“ geholt wurde, kam die Lanze mit den anderen Reichsinsignien wieder nach Nürnberg. Nach dem Zweiten Weltkrieg schafften die Amerikaner sie zurück nach Wien, und dort erhielt sie bei der Wiedereröffnung der Schatzkammer im Jahre 1954 ihren heutigen Platz.

Bereits im Jahre 1914 war die Lanze metallurgisch untersucht worden. Man stellte dabei fest, dass es eine ganz gewöhnliche Schmiedearbeit aus dem 8. Jahrhundert ist. Sie hat also weder mit dem Sohn Gottes noch mit dem Römer Longinus oder dem Soldaten Mauritius irgendetwas zu tun.

## *Die Lanze als Symbol der Herrschaft*

Das Deutsche Reich, der deutsche Staat war ein voll ausgebildetes Instrument, mit dem eine adlige Elite die Bauern beherrschte. Als Rechtfertigung dieser Herrschaft diente die Heilige Lanze. Sie sollte zeigen, dass diese Herrschaft gottgewollt war. Aus den Schriftquellen jener Zeit geht auch hervor, dass die damalige Elite, der König sowie der Adel und Klerus mit ihrer Dienerschaft, den Soldaten, Handwerkern, Knechten und Mägden aus ungefähr 30 000 Personen bestanden haben muss. Damals aber lebten auf dem Gebiet Deutschlands etwa 3 Millionen Menschen. Die Elite mit ihrer Gefolgschaft machte demnach nur 1 % der Bevölkerung aus. 99 % der Deutschen waren Bauern, die ihr Land von der Elite leihen und diese mit ihren Abgaben ernähren mussten. Im Unterschied zu später wurde damals genau aufgeschrieben, wie dieses System funktionierte.

## Die Quellen der Ottonenzeit

Ende des 19. Jahrhunderts fassten deutsche Historiker auf Anregung von Leopold von Ranke die bekannten Schriftquellen der Ottonenzeit zu Jahrbüchern des Deutschen Reiches zusammen. Sie sind nach den Epochen der Könige gegliedert und enthalten neben den Urkunden die jeweiligen Nachrichten aus den Chroniken und Heiligenviten. Auf dieser Grundlage entstanden zahlreiche Darstellungen dieser Zeit, von denen die frühen von Wilhelm von Giesebrecht (1814 – 1889) und Walther Holtzmann (1891 – 1963) noch heute gültig sind, da seitdem kaum neue Dokumente zum Vorschein kamen.

### *Urkunden*

Im Wesentlichen handelt es sich um Schenkungen und Tauschgeschäfte, die in den königlichen Kanzleien beurkundet wurden. Verschenkt oder getauscht wurden immer ganze Dörfer einschließlich aller Ländereien und Einwohner. Da bei vielen Dörfern auch steht, in welchem Gau oder in wessen Grafschaft sie sich befinden, bekommt man einen ziemlich genauen Einblick in die damalige territoriale Gliederung. Viele dieser Urkunden sind aber, wie genauere Untersuchungen in letzter Zeit ergaben, gefälscht. Das betrifft vor allem Urkunden, in denen Bistümer und Klöster beschenkt wurden. In den klösterlichen Schreibstuben wurden junge Mönche in der Schreibkunst unterrichtet, um später in die königliche Kanzlei zu wechseln. Es war also für ihre Lehrmeister ein Leichtes, solche Urkunden nachzumachen. Ein Unrechtsbewusstsein darf man ihnen allerdings nicht unterstellen, denn diese Besitzvermehrung geschah ja zur „Ehre Gottes". So wurde die Kirche während der Ottonenzeit zur größten Grundbesitzerin in Deutschland.

## *Chroniken*

Eine häufig zitierte Quelle aus jener Zeit ist die Sachsengeschichte des Mönches **Widukind von Corvey** (925–973). Man vermutet in ihm einen Nachfahren des bekannten sächsischen Rebellen Widukind zur Zeit Karls des Großen. Der Mönch Widukind schrieb seine Sachsengeschichte im Benediktinerkloster Corvey von 967 bis 973. Er widmete sie in einem unterwürfigen Ton der Tochter Ottos I., der erst zwölfjährigen Mathilde, der Äbtissin von Quedlinburg. Zu Beginn erzählt er die sogenannte Stammessage der Sachsen. Kernpunkt dieser Sage ist die Sachsenhilfe beim Untergang des Thüringer Königreiches. Danach hätten die Franken im Jahre 531 die Sachsen um Hilfe gebeten, das Königreich der Thüringer zu vernichten. In einer mörderischen Schlacht in Burgscheidungen hätten die Sachsen die Thüringer besiegt und dafür als Lohn von den Franken die Gegend nördlich der Unstrut erhalten. Diese Erzählung ist eine Erfindung des berüchtigten Urkundenfälschers Rudolf, eines Fuldaer Mönches aus dem 9. Jahrhundert. Rudolf nennt als Ort der Entscheidungsschlacht nur den Fluss Unstrut, den er wahrscheinlich aus dem Schlachtbericht des fränkischen Bischofs Gregor von Tours kannte. Widukind ergänzt Rudolf durch die Nennung des ihm wohl einzig bekannten Ortes an der Unstrut, der ottonischen Pfalz Scidingi, Burgscheidungen. Diese angebliche Sachsenhilfe geistert leider immer noch als historische Wahrheit durch die Heimatliteratur Mitteldeutschlands. Der Schwerpunkt der Widukindschen Sachsengeschichte aber ist die Heinrichs I. und Ottos I. Ausführlich berichtet er über die Taten der beiden Könige, die ihr Königtum oft gewaltsam gegen den Adel durchsetzen mussten. Widukind war selbst nie am Königshof, er berichtet ausschließlich vom Hörensagen. Von ihm erfährt man aber Dinge, die sonst in keiner anderen Quelle stehen. Widukind ist durch und durch Sachse, ein Nationalist. Er strotzt vor Stolz, dass aus seinem Stamm die deutschen Könige hervorgegangen sind.

Ein weiterer Zeitgenosse der Ottonen ist der bereits erwähnte Bischof **Liutprand von Cremona.** Er stammte aus einer italienischen Adelsfamilie. Als Kind kam er an den königlichen Hof in Pavia und erhielt dort eine vorzügliche Bildung. Später unternahm er zwei Reisen an den Hof nach Byzanz, zunächst für den italienischen König Berengar II., später im Auftrag Ottos I. Seine Schilderungen liefern ein plastisches Bild von den Schwierigkeiten des damaligen Reisens und den Zuständen am byzantinischen Hof. Liutprand befand sich oft am deutschen Königshof und nahm an den Kaiserkrönungen Ottos I. im Jahre 962 in Aachen und Ottos II. im Jahre 967 in Rom teil. Beiden Königen, die weder Latein noch Italienisch konnten, diente er während ihrer Italienaufenthalte als Dolmetscher. Ausführlich beschreibt er das in seiner „Historia Ottonis".

Ähnlich gut unterrichtet war auch die Nonne **Roswitha von Gandersheim.** Sie kam aus einer sächsischen Adelsfamilie und trat bereits als junges Mädchen in das Reichsstift Gandersheim, das ottonische Hauskloster, ein. Dort hatte sie engen Kontakt zu Gerberga, der Tochter des Bayernherzogs Heinrich I. Sie hatte Beziehungen zu führenden Gelehrten und über Gerberga eine gute Verbindung zum ottonischen Königshaus. Neben Legenden und Dramen verfasste sie Gedichte über Otto den Großen sowie über die Anfänge des Klosters Gandersheim.

Ebenfalls aus einem ottonischen Hauskloster, dem Damenstift Quedlinburg, stammen die **Quedlinburger Annalen** eines anonymen Verfassers. Kein anderer Ort Sachsens war als Aufenthaltsort des Königshofes so beliebt wie die Pfalz Quedlinburg. Äbtissinnen des Stifts waren stets Töchter aus der Königsfamilie. Die Nachrichten der Quedlinburger Annalen, vor allem für die Jahre 984 – 1025, gelten daher als ziemlich verlässlich.

Auch **Adalbert**, der erste Erzbischof **von Magdeburg**, hatte als Geschichtsschreiber Zugang zu Informationen aus erster Hand. Seit 953 war er in der Kanzlei Ottos I. tätig. Nach einer erfolglosen Mission in Russland setzte ihn Otto I. im Jahre 966 als Abt des Klosters Weißenburg im Elsass ein. Dort führte er die Chronik des Regino von Prüm fort und fügte ihr die Zeit vom Jahre 907 bis 967 hinzu (als „Fortsetzung Reginos"). Später als Erzbischof kam er allerdings nicht mehr zum Schreiben. Er starb 981 auf einer Reise von Merseburg nach Magdeburg in der Nähe des Dorfes Zscherben. In der dortigen Kirchenwand befindet sich der „Reiterstein von Zscherben", der wohl seinerzeit als Erinnerung an Adalberts Tod angefertigt und später, beim Neubau der Kirche, in der Wand vermauert wurde.

Der für Thüringen und Sachsen-Anhalt wichtigste Chronist aber ist der Bischof **Thietmar von Merseburg**. Er schrieb zwischen 1012 und 1018 eine Chronik, welche die Geschichte von 908 bis 1018 umfasst. Thietmar wurde 975 als Sohn des Grafen Siegfried von Walbeck geboren und war über einige Ecken mit dem sächsischen Königshaus verwandt. Im kaiserlichen Stift St. Servatius in Quedlinburg und im Kloster Berge in Magdeburg erhielt er eine für damalige Verhältnisse hervorragende Ausbildung. 1002 wurde er Propst des von seinem Großvater gestifteten Klosters Walbeck. Noch heute sieht man die Ruinen dieser Anlage. Im Jahre 1004 wurde Thietmar in der Allstedter Pfalzkirche zum Priester geweiht und erhielt 1009 von Heinrich II. das Bistum Merseburg. Er starb am 1. Dezember 1018 und wurde im Merseburger Dom beigesetzt. Abgesehen von wenigen Reisen nach Süddeutschland und in das Rheingebiet sowie einigen Kriegszügen gegen die Slawen hielt er sich vorwiegend im Umkreis von Magdeburg und Merseburg auf. Daher wundert es nicht, dass in seiner Chronik 159 Orte Mitteldeutschlands erwähnt werden. Viele davon erstmalig, so das damalige Dorf Leipzig. Durch seine weitverzweigten verwandtschaftlichen Beziehungen und die häufigen Aufenthalte Heinrichs II. in Merseburg war Thietmar über die Vorkommnisse seiner Zeit sehr gut unterrichtet.

Thietmar berichtet detailliert und anschaulich. Die drei letzten Bücher der Chronik, in denen er die Zeit von 1014–18 behandelt, lesen sich fast wie ein Tagebuch. Das führte im 16. Jahrhundert dazu, dass die Wittenberger Humanisten, die das Exemplar des Originals vom Dresdner Kurfürsten zur Begutachtung erhalten hatten, es enttäuscht zurückschickten. Thietmar war ihnen zu geschwätzig. Diese „Geschwätzigkeit“ Thietmars ist für uns heute aber ein wahrer Schatz. Wie kein anderer Chronist entwirft Thietmar ein plastisches Bild der kulturellen und geistigen Situation seiner Zeit. Da er sein Werk nicht wie andere dem König oder einem Angehörigen des Königshauses widmete, sondern seinem Nachfolger auf dem Merseburger Bischofsstuhl, musste er wenig diplomatische Rücksichten nehmen. Thietmar ist durch und durch ehrlich, ein Sonderfall bei mittelalterlichen Chronisten. Er spart nicht an Kritik, weder an den Königen noch an sich selbst. Seine Chronik gibt ein glaubwürdiges Zeugnis vom Selbstverständnis des ottonischen Adels.

Weitere Quellen aus der Ottonenzeit sind die Lebensbeschreibungen einiger damals wichtiger Personen. Diese Biografien wurden meist erst nach ihrem Tod verfasst und sollten dazu dienen, ihre Heiligsprechung zu befördern. Der historische Wert solcher Viten wird deshalb zu Recht bezweifelt. Dennoch enthalten einige von ihnen, meist in Nebenbemerkungen, interessante Details. Dafür zwei Beispiele. In der **VITA UDALRICHS**, des Bischofs von Augsburg (Amtszeit 923 – 973), erfährt man etwas von der Art des herrschaftlichen Reisens:

*„Wenn er (d. h. Bischof Udalrich – R. A.) reiste, saß er in einem Wagen auf einem Sessel, der an einem Drahtseil von den seitlichen Wänden des Wagenaufbaues herabhing. Bei ihm saß einer seiner Kapläne, der mit ihm den ganzen Tag über Psalmen betete. Als er anfing so zu reisen, tat er das nicht etwa deshalb, weil er nicht mehr hätte reiten können, sondern weil er sich dadurch von der Menge absondern wollte, um nicht durch das unnütze Geschwätz der Leute im Psalmengebet gestört zu werden.*

*Von seinen Hörigen schließlich wählte man jedesmal eine Anzahl Männer aus, welche die Zugtiere führen und vor und hinter dem Wagen sowie rechts und links auf seinen Schutz bedacht sein mussten. Diese Leute bekamen von ihm selbst oder von seinen Dienern in seiner Gegenwart jeden Tag so reichlich zu essen, dass es auch für dreimal so viele gereicht hätte. Und endlich die Begleitung, die er am liebsten hatte, das einfache Volk, geleitete ihn stets von Ort zu Ort. Wer reiten konnte, ritt auf seinem besten Zelter mit; die andern schlossen sich mit dem Gefährt, das sie eben hatten, dem Wagenzug an …“*

Die Vita Udalrichs wurde zehn Jahre nach seinem Tod von dem Augsburger Domherrn Gerhard verfasst. Noch heute wird Udalrich oder Ulrich, wie er später genannt wurde, als Schutzpatron der Reisenden und Wanderer verehrt. Der Ruf dieses Augsburger Heiligen wurde durch die Ottonen auch nach Sachsen getragen, und so findet man auch hier etliche Ulrichskirchen. Dass Ulrich *„den ganzen Tag über Psalmen betete"*, sollte seiner Heiligsprechung dienen, ebenso die Bemerkung *„die Begleitung, die er am liebsten hatte, das einfache Volk"*, wenngleich er sich andererseits *„von der Menge absondern wollte, um nicht durch das unnütze Geschwätz der Leute im Psalmengebet gestört zu werden"*. Diesen Widerspruch schien der Autor Gerhard nicht bemerkt zu haben. Interessant ist, dass Ulrich eine recht ansehnliche Zahl von Leibwächtern brauchte, die *„vor und hinter dem Wagen sowie rechts und links auf seinen Schutz bedacht sein mussten."* Das kann nur heißen, dass *„das einfache Volk"*, das er *„am liebsten hatte"*, ihn wohl nicht nur *„durch Geschwätz im Psalmengebet gestört"* hat. Dass auch vor seinem Wagen Diener gehen mussten, die *„die Zugtiere führen"*, heißt, dass dieser Wagen von Ochsen gezogen wurde. Bis ins 12. Jahrhundert wurden nur Ochsen als Zugtiere verwendet. Ochsen aber können nicht vom Wagen aus gelenkt werden, es muss ihnen jemand vorausgehen, der sie führt. Wenn Gerhard schreibt, Ulrichs Leibwächter hätten so viel zu essen bekommen, *„dass es auch für dreimal so viele gereicht hätte"*, so sollte das wahrscheinlich Ulrichs Großzügigkeit und Milde beweisen. Sich satt essen zu können war damals ein großes Privileg. Es war aber die Voraussetzung dafür, genügend junge Bauernsöhne rekrutieren zu können, die als willfährige Soldaten und Knechte die Macht Ulrichs durchsetzen konnten.

Ein anderes Beispiel für eine interessante Nachricht aus jener Zeit liefert die **Lebensbeschreibung des Kölner Erzbischofs Brun** (925–965). Er war der Bruder Ottos I. Am Schluss seiner Vita steht sein Testament. Der Verfasser Routger, ein Mönch aus dem Kölner Kloster St. Pantaleon, zählt in diesem Testament den gesamten persönlichen Nachlass Bruns auf: 5 goldene Becher, 10 silberne Gefäße, einen Siegelring, ein silbernes Pferdchen, etliche goldene Schüsselchen und Becken, 2 Schälchen,

10 Leuchter, 26 große Gefäße, 33 Decken, 5 Vorhänge, 41 Tücher bzw. Tafeltücher, 27 Teppiche. Dazu kommen noch 910 Pfund Silber, 9 Pfund Gold, einige Schiffe, Stuten, ein Chormantel, ein Messgewand und mindestens 15 Hofgüter. Da Brun als Bruder Ottos I. zur Königsfamilie gehörte, könnte man aus seinem Besitz auf den der ottonischen Könige schließen und abgestuft auch auf den Besitz der anderen Angehörigen des Hochadels, der Bischöfe, Herzöge und Grafen. Gemessen am Reichtum und Prunk der späteren barocken Könige, Fürsten und Bischöfe nimmt sich dieser Besitz allerdings bescheiden aus.

Ähnliche Kenntnisse aus dem ottonischen Alltag erhält man auch aus den beiden **Lebensbeschreibungen Mathildes** (895 – 968), der Gattin Heinrichs I. Die ältere „vita Mathildis" wurde etwa 980 im Auftrag Ottos II. geschrieben, die jüngere nach 1002 auf Veranlassung Heinrichs II. Weder die Autoren noch der Ort der Abfassung ist bekannt. Beide Viten wurden wahrscheinlich im Stift Nordhausen oder im Stift Quedlinburg verfasst, denn beides waren Gründungen Mathildes.

Auch der kunstsinnige Bischof **Bernward von Hildesheim** (Bischof von 993 bis 1022) fand einen Biografen, den Priester Thangmar. Interessant an dieser Biografie ist, dass man einige Dinge, die dort erwähnt werden, heute noch in Hildesheim besichtigen kann, so Teile des Doms, die in Bronze gegossene Bernwardstür, die Christussäule sowie einige Bestände des Domschatzes.

## *Spätere Quellen*

Zu den glaubwürdigen Schriften aus nachottonischer Zeit zählt man gewöhnlich die Lebensbeschreibung des Bischofs Meinwerk von Paderborn und den „Sächsischen Annalisten". Die **„Vita Meinwerci"** wurde um 1165 von Abt Konrad von Abdinghoff geschrieben und besteht neben zahlreichen mündlich überlieferten Anekdoten aus dem Leben Meinwerks auch aus einer Reihe von Urkunden, die den neuerworbenen Landbesitz dieses Bischofs dokumentieren. Als „**Sächsischer Annalist**" wird Arnold, Abt der Klöster Berge und Nienburg, angenommen. Er verfasste neben einer Magdeburger Bistumsgeschichte um 1150 eine fränkisch-deutsche Geschichte, die von 741 bis 1139 reicht. Darin verarbeitete er sorgfältig und kritisch fast die gesamte sächsische Literatur seiner Zeit, darunter auch mehrere heute unbekannte Quellen. Da beide Werke auf Annalen, Urkunden und Chroniken aus der Ottonenzeit beruhen, werden auch sie als originale Quellen angesehen.

## Die Stände des ottonischen Reiches

### *Der König*

Nach damaligem Verständnis war der König der absolute Herrscher. Ihm gehörte das ganze Land. Jeglicher Besitz war letztendlich nur von ihm geliehen. Auch wenn der Adel Ländereien als „Allod", als persönliches Eigentum, besaß, konnte der König im Falle seiner Missgunst dieses Eigentum konfiszieren. Der König war der oberste Richter. Was Recht oder Unrecht war, bestimmte in letzter Instanz er. Der König setzte fest, wann und wo der Adel zu Reichsversammlungen zu erscheinen hatte und wann gegen wen Krieg geführt wurde. In diesem Fall war er der oberste Befehlshaber. Auch in der Kirche war der König die oberste Autorität. Er stand über den Bischöfen, er konnte Synoden einberufen und kirchliche Lehrmeinungen festsetzen. Bischöfe und Äbte wurden meist von ihm eingesetzt. Diese absolute Macht besaß der König allerdings nur scheinbar. In Wirklichkeit war die Ausübung der königlichen Macht ein schwieriger Balanceakt. Nicht selten entschied er sich falsch, was „Empörungen" oder militärische Niederlagen zur Folge hatte. Woran das lag, deutet der Utrechter Bischof Adalbold an, der über den Beginn der Königsherrschaft Heinrichs II. schreibt:

*„Ererbt sagen wir, weil er (Heinrich II. – R. A.) von Karl dem Großen väterlicherseits im siebzehnten, mütterlicherseits im sechzehnten Grade abstammte, wie wir von jenen hören, die die Abstammungsverhältnisse zu berechnen wissen. Darüber hinaus waren Otto III., nach dessen Tod er zum König erwählt wurde, und er selbst miteinander im dritten Grade blutsverwandt, denn seine Mutter war eine Tochter König Konrads …"*

Es gab also damals bereits Spezialisten, die *„die Abstammungsverhältnisse zu berechnen"* wussten, die sich in den verschlungenen Verwandtschaftsstrukturen bestens auskannten und ihr Wissen sowohl dem König als auch dem Adel zur Verfügung stellten. In den letzten Jahrzehnten verwendeten die Mittelalterforscher viel Mühe darauf, dieses komplizierte Geflecht der Macht- und Verwandtschaftsstrukturen zu entwirren. Man fand heraus, was damals allerdings bekannt war, dass all diese Adelsfamilien sowohl untereinander als auch mit der Königssippe verwandt waren und in ihrer Gesamtheit eine Gruppe bildeten, in die sie keinen Fremden hineinließen. Die adligen Sprösslinge besuchten gemeinsam die Kloster- und Domschulen. Alle weltlichen und kirchlichen Ämter wurden später unter ihnen verteilt.

Entschied sich also der König bei einer Ämterbesetzung falsch, dann hatte er es nicht nur mit einem einzigen Benachteiligten zu tun, sondern mit dem ganzen Strang einer Sippe. Die aber rächten sich durch „Empörung" und „Aufruhr", indem sie verspätet oder gar nicht zu Reichsversammlungen und Heereszügen erschienen oder sogar Königsgüter verwüsteten. Ihre Rache konnte auch darin bestehen, die Anordnungen des Königs nachlässig zu erfüllen. Sie täuschten Krankheit vor, wenn es auf einen Kriegszug ging, oder sie erschienen mit einem geringen bzw. schlecht ausgerüsteten Aufgebot. Ohne die Gefolgschaft des Adels aber war der König nur auf seine Hausmacht angewiesen und damit ziemlich machtlos.

## *Der Herzog*

Zur Ottonenzeit gab es in Deutschland fünf Herzogtümer: Sachsen, Bayern, Franken, Schwaben und Lothringen. Die Herzöge stammten ursprünglich aus dem einheimischen Hochadel und hatten das Amt über viele Generationen vererbt. Man bezeichnet sie deshalb als Stammesherzöge. In ihren Herzogtümern besaßen sie die absolute Macht. Der König hatte ihnen nichts zu sagen. Heinrich I. nahm auf diese Tradition Rücksicht und beließ ihnen einen Großteil ihrer Macht. Erst sein Sohn Otto I. nahm direkten Einfluss auf die Besetzung der Herzogsämter und versuchte durch Neubesetzung oder eine geschickte Heiratspolitik die absolute Macht dieser Herzöge einzuschränken.

Die heutigen Länder Thüringen, Sachsen-Anhalt und Niedersachsen bildeten das Herzogtum Sachsen. Hier befand sich die Hausmacht der ottonischen Könige. Östlich der alten karolingischen Elbe-Saale-Grenze wohnten Slawen. Ihr Gebiet wurde unter den Ottonen bis zur Oder erobert, dem Herzogtum Sachsen angegliedert und in Marken bzw. Markgrafschaften eingeteilt. An der Spitze standen Markgrafen, die den Herzögen gleichgestellt waren.

## *Der Graf und seine Vasallen*

Herzogtümer und Marken bestanden aus Grafschaften. In einzelnen Fällen waren sie aus den früheren Gauen hervorgegangen. Ihre Fläche war unterschiedlich groß, vergleichbar mit den heutigen Landkreisen. An ihrer Spitze stand der Graf, der im sogenannten Grafschaftsgericht als Vertreter des Königs galt.

Der Graf war verpflichtet, zu allgemeinen Reichsversammlungen zu erscheinen und dem König „Jahresgeschenke" zu machen. An Kriegszügen hatte er auf eigene Kosten mit einem Aufgebot an gepanzerten Reitern teilzunehmen. Deren Anzahl war festgelegt und richtete sich nach seiner wirtschaftlichen Stärke. Jeder Graf besaß als persönliches Eigentum mehrere Ländereien, die in Gutsbezirke aufgeteilt waren und von Meiern verwaltet wurden. Die übrigen Ländereien seiner Grafschaft waren an Vasallen verliehen, die sie ebenfalls durch Meier bewirtschaften ließen. Solch ein Gutshof wird in der Literatur als „Grundherrschaft" bezeichnet. Die Vasallen hatten dem Grafen keinen Tribut zu entrichten, sondern schworen ihm für den Erhalt ihrer Lehen lebenslange Gefolgschaft. Sie bildeten seine Leibwache und auf Kriegszügen sein Aufgebot.

## *Der Meier*

Der Gutshof eines Herzogs, eines Grafen oder eines Vasallen wurde von einem Meier (lat. maior – der Größere, der Ältere) verwaltet. Der Meier selbst war ein „Höriger". Er übte im Falle der Abwesenheit des Gutsbesitzers dessen Rechte aus. Ihm unterstanden zunächst die am Hof beschäftigten unfreien Mägde und Knechte, die „Hörigen". Weiterhin hatte er mit Hilfe seiner Knechte dafür zu sorgen, dass die Dienste und Abgaben der Bauern, die von seinem Herrn ein Stück Land gepachtet hatten, rechtzeitig und im geforderten Umfang erbracht wurden.

## *Der Lite*

Zur Zeit der fränkischen Herrschaft in Thüringen und Sachsen war der Stand der freien Bauern, die ihr Land als Eigentum besaßen, so gut wie verschwunden. Das gesamte Land, von dem die Quellen berichten, war im Besitz des Königs, der Kirche oder des weltlichen Adels. Neben den eigenen Gutshöfen hatten sie das übrige Land als Lehen (lat. feudum, daher Feudalismus) ausgegeben. Gewöhnlich besaß eine Bauernfamilie ein kleines Haus mit Stall und Scheune, „mansus" genannt, und ein Stück Land, die „Hufe". In Mitteldeutschland betrug die Größe dieser Hufe etwa 10 ha. Als Pacht mussten die halbfreien Bauern an bestimmten festgelegten Terminen im Jahr einen Teil ihrer Erzeugnisse an den Herrenhof liefern. Es waren Tiere wie etwa Schweine, Schafe, Gänse, Hühner oder deren Produkte wie Eier, Milch, Käse, Federn, Wolle usw. Von den Feld- und Gartenfrüchten musste ebenfalls ein Teil abgeliefert werden, entweder in natura als Getreide bzw. Gemüse oder bereits verarbeitet als Leinen oder Öl. Bisweilen ist auch von Schüsseln, Tellern, Lederriemen oder anderen handwerklichen Produkten die Rede, weil manche Bauern neben ihrer Landwirtschaft auch ein Handwerk betrieben. Außerdem mussten diese Pächter Frondienste auf dem Herrenhof verrichten, d. h. Fuhren übernehmen, Zäune und Dächer reparieren oder bei der Feldarbeit helfen. Vor allem im Frühjahr und Herbst waren diese Frondienste für die Bauern eine große Belastung, da ja die eigenen Felder ebenfalls bestellt oder abgeerntet werden mussten.

Für die Höhe der Abgaben und den Umfang der Dienste gab es keine einheitlichen Regeln, kein Gesetz. Jeder Lehnsherr setzte das nach Gutdünken selbst fest. Der Begriff „Zehnt", der zehnte Teil aller Produkte, ist irreführend. Wenn man sich die überlieferten Abgabelisten und die zu leistende Fronarbeit anschaut sowie den Kirchenzehnt hinzurechnet, kommt man etwa auf die Hälfte der Produkte und Arbeitszeit, die von den Bauern gefordert wurde. Angesichts der niedrigen Produktivität blieb den bäuerlichen Familien scheinbar nur so viel übrig, dass sie nicht verhungerten.

Die Bauern in Thüringen mussten keinen extra Kirchenzehnt entrichten, denn er war schon in den allgemeinen Abgaben und Fronen enthalten. Das lag daran, dass die Kirche, das heißt die Klöster Fulda und Hersfeld, den größten Teil des Landes in Thüringen besaß und als Lehen ausgegeben hatte. Da vom Kirchenzehnt aber ein Viertel an den jeweiligen Bischof abgeführt werden musste, bekam der Mainzer Erzbischof aus Thüringen, das zum Mainzer Erzbistum gehörte, nichts. Das führte zu einem erbitterten Zehntstreit zwischen den Klöstern, den Bauern und dem Erzbischof, der erst im 12. Jahrhundert beendet wurde. Bei diesem Streit liest man ausnahmsweise auch einmal, dass sich die Bauern zusammenschlossen und gewaltsam zur Wehr setzten.

## *Der Hörige*

Die Knechte und Mägde auf den Gutshöfen waren in der Regel die Söhne und Töchter der halbfreien Bauern, die nicht erben bzw. nicht entsprechend mit einem Erben verheiratet werden konnten. Sie hatten sich freiwillig in den Dienst eines Gutsherren begeben. In der Literatur werden sie „servi" genannt, von lat. servire - dienen. Die gewöhnliche Übersetzung als Hörige oder Unfreie ist beschönigend. Der Begriff Sklave würde ihre Situation besser treffen, denn sie waren absolut rechtlos, konnten wie das Vieh von ihren Herren straflos gezüchtigt, getötet, verschenkt oder verkauft werden. Erst Heinrich II. versuchte gegen die Unsitte einzuschreiten, dass Christen an Heiden, an jüdische Händler bzw. an slawische Liutizen, als Sklaven verkauft wurden. Da jeder Gutsherr aber so viel wie möglich Nutzen aus ihnen und ihren Fähigkeiten ziehen wollte, wird er sie teilweise, wie in den Chroniken zu lesen ist, auch human behandelt haben.

Der Unterschied zwischen Freiheit, Halb- und Unfreiheit spielte allerdings zur damaligen Zeit kaum eine Rolle. Dieses Problem wurde erst durch die Rechtshistoriker des 19. Jahrhunderts aufgeworfen. Man versteht aber die Zeit der Ottonen nicht, wenn man sie mit Maßstäben des 19. Jahrhunderts misst, wenn man die eigentliche Triebkraft der damaligen Entwicklung übersieht. Diese Triebkraft hieß Hunger. Die alles bestimmende Frage war, ob und wie man satt wurde. Niedrige Produktivität bei ständig zunehmender Bevölkerung, keine Vorratswirtschaft, Viehseuchen und Missernten nach schlechtem Wetter führten zu regelmäßigen Hungerkatastrophen. Über dem gesamten Mittelalter bis in die Neuzeit hinein hing das Damoklesschwert des Verhungerns. Dieser Zustand änderte sich erst mit der Einführung der Kartoffel im 17./18. Jahrhundert. Dass die Bauern weit weniger zu essen hatten als beispielsweise die oben erwähnten Leibwächter des Augsburger Bischofs Ulrich, zeigen zwei Zitate aus der „vita Meinwerci", der Lebensbeschreibung des Bischofs Meinwerk von Paderborn:

*„So wie er (Bischof Meinwerk – R. A.) tüchtig im Erwerben war, so getreu war er im Bewahren. Das harte Recht der alten Knechtschaft der Halbfreien (Liten) erleichterte er durch die neue Gunst väterlicher Güte: Er setzte fest, dass ihnen von den Verwaltern (Meiern) zur Erntezeit im Nötigsten an Speis und Trank beigestanden werde, was früher nicht geschah …"*

*„Zu einer Zeit im Advent, da die Verwalter gewöhnlich die Schweine übergeben, stand Meinwerk auf der Galerie des Bischofshauses und sah eine Frau mit ihrem einzigen Sohn einem Schwein folgen und sehr bitterlich weinen. Sie wurde sofort herbeigerufen, und er befragte sie angelegentlich nach den Gründen ihres so starken Weinens. Sie brach in Klage aus, sie sei nach dem Tode ihres Mannes von menschlicher Hilfe im Stich gelassen worden und habe, wie sie hinzufügte, das Schwein mit dem Brot, das ihr Sohn erbettelt hätte, versorgt aus Angst vor der Heftigkeit des Verwalters von Enenhus, wohin sie gehöre. Da seufzte der Bischof heftig auf, schlug mit den eigenen Händen an die Brust und sprach so unter hervorbrechenden Tränen: ‚Wehe dir, höchst beklagenswerter Bischof Meinwerk! Wie drücken unglückliche Menschen wegen ihrer Weltklage deine Seele in die Hölle hinab!' Also gab er in Kenntnis des Schriftwortes ‚Dem Herrn leiht, wer sich des Armen erbarmt', die Hufe der Witwe dem*

*herbeigerufenen Gutsverwalter zurück, löste sie mit ihrem Sohn aus dessen Vorsteheramt und ordnete an, sie die ganze Zeit ihres Lebens durch seine Armenspeisung zu unterhalten …"*

## Die Kirche

### *Der weltliche Klerus*

In der Chronik Thietmars von Merseburg steht, womit er als Bischof seine Zeit verbrachte: Er zog in den Krieg, beaufsichtigte den Bau seines Domes, kontrollierte seine Gutshöfe und bat den König bei jeder Gelegenheit, ihm die alten Grenzen seines Bistums wiederherzustellen. Nur einmal berichtet der Bischof von seiner Arbeit als Seelsorger, scheinbar einer Art Nebenbeschäftigung:

*„Kurze Zeit später legte der noch junge und daher unreife Ekkehard (Ekkehard II., späterer Markgraf von Meißen – R. A.) auf Betreiben seines Ritters Budislaw in seinem Burgward Rochlitz hohe Gehege als Fallen für das Wild an. Als ich dies erfuhr, nahm ich es anfangs geduldig hin. Ich ließ ihn durch seinen Bruder, der als Mittelsmann fungierte, ermahnen, dies nicht zu tun. Auch bei seinem Bruder Hermann beklagte ich mich, konnte insgesamt aber nichts ausrichten. Dies war der Stand zu Ostern. Da es zu dieser Zeit recht schön und die Wege einigermaßen passierbar waren, dachte ich mir, dorthin zu reisen und die ganze Angelegenheit selbst zu begutachten, zumal ich in diesen Teil meines Bistums bisher noch nicht gekommen bin. Am 2. Mai, einem Freitag, kam ich nach Kohren und firmte dort die zusammengekommenen Menschen. Als ich dann auf dem Weg das mit Schlingen und großen Netzen bestehende Werk sah, stutzte ich doch und überlegte, was zu tun sei. Mitnehmen konnte ich das ja nicht. So ließ ich einen Teil davon zerschneiden. Dann reiste ich nach Rochlitz, um dort das Sakrament*

*der Firmung zu spenden. Bei Strafe des Bannes gebot ich dann, die unrechtmäßige Einbehaltung des mir zustehenden Zehnten und die weitere Schädigung meines Forstes zu unterlassen. Ich gebot Frieden und erklärte dies alles als zu unserer Kirche gehörend."*

„Kirche" hieß, zumindest für den hohen Klerus, in erster Linie „Zehnt". Oberster Kirchenmann war der König. Er besetzte die Bischofsstühle meist aus den Priestern seiner Hofkapelle, die ausnahmslos dem Hochadel entstammten. Staat und Kirche waren so zwei Instrumente, mit denen die Elite ihre Macht sicherte. Das theoretische Fundament der Kirche ist die Bibel. In der sozialen Frage, der Frage des Besitzes und der Herrschaft, ist sie allerdings ambivalent. Es gibt in der Bibel Stellen, in denen Staat und Herrschaft gerechtfertigt werden. So antwortet Jesus beispielsweise auf die Frage, ob man Steuern zahlen müsse: *„Gebt dem Kaiser, was des Kaisers und Gott, was Gottes ist." (Mark. 12,13)*

An anderen Stellen aber wird Reichtum strikt abgelehnt: *„Und es fragte ihn ein Gutsbesitzer: ‚Guter Meister, was muss ich tun, damit ich das ewige Leben erbe?' Jesus sprach zu ihm: ‚Du kennst die Gebote …' Er aber sprach: ‚Das habe ich alles gehalten von Jugend auf.' Als Jesus das hörte, sprach er zu ihm: ‚Es fehlt dir noch eines. Verkaufe alles, was du hast, und gib es den Armen, so wirst du einen Schatz im Himmel haben, und komm und folge mir nach!' Als er das aber hörte, wurde er traurig; denn er war sehr reich. Als aber Jesus sah, dass er traurig geworden war, sprach er: ‚Wie schwer kommen die Reichen in das Reich Gottes! Denn es ist leichter, dass ein Kamel durch ein Nadelöhr gehe, als dass ein Reicher in das Reich Gottes komme.'" (Mark. 10,17–25)*

Und beim Evangelisten Lukas steht: *„Es war aber ein reicher Mann, der kleidete sich in Purpur und kostbares Leinen und lebte alle Tage herrlich und in Freuden. Es war aber ein Armer mit Namen Lazarus, der lag vor seiner Tür voll von Geschwüren und begehrte, sich zu sättigen mit dem, was von des Reichen Tisch fiel …*

*Es begab sich aber, dass der Arme starb, und er wurde von den Engeln getragen in Abrahams Schoß. Der Reiche aber starb auch und wurde begraben. Als er nun in der Hölle war, hob er seine Augen auf in seiner Qual und sah Abraham von ferne und Lazarus in seinem Schoß. Und er rief: ‚Vater Abraham, erbarme dich meiner und sende Lazarus, damit er die Spitze seines Fingers in Wasser tauche und mir die Zunge kühle, denn ich leide Pein in diesen Flammen …'" (Lukas 16, 19–31).*

Solche Bibelstellen werden beim hohen Klerus der Ottonenzeit kaum eine Rolle gespielt haben. Die Bibel gab es, abgesehen vom „Heliand", den aber kein Bauer lesen konnte, nur in Latein. Gelesen und gepredigt wurden nur solche Ausschnitte aus der Bibel, die dem Klerus passten. Thietmars Chronik beispielsweise ist voller Bibelzitate, die zu Demut und Gehorsam gegenüber der Obrigkeit mahnen. Die Kirche begründete ihren Machtanspruch vor allem mit einer Bibelstelle, in der Jesus zum Apostel Simon spricht:

*„Du bist Petrus (d. h. Fels), und auf diesen Felsen werde ich meine Kirche bauen, … was du auf Erden binden wirst, das wird auch im Himmel gebunden sein, und was du auf Erden lösen wirst, das wird auch im Himmel gelöst sein." (Mt. 16,18)*

Damit besaß der Klerus die Schlüsselgewalt über das Leben im Jenseits, die Gewalt über die Seelen der Gläubigen. Bischöfe und Priester konnten entscheiden, ob jemand nach seinem Tod in den Himmel oder in die Hölle kam. Allerdings halten alle Bibelexperten, die nicht im Dienst der katholischen Kirche stehen, diese Stelle für „nachösterlich", d. h. für nachträglich eingeschoben, also gefälscht. Sie widerspräche nicht nur sämtlichen biblischen Aussagen Jesu, sie wäre auch eine theologische Unverschämtheit. Der allmächtige Gott würde dadurch entmachtet, zum Popanz, der tun müsse, was ihm irgendwelche eitlen und raffgierigen Priester und Bischöfe vorschrieben. Diese Macht über das Leben im Jenseits diente aber dem Klerus für den Erhalt und die Vermehrung seiner irdischen Macht. Geschenke an die Kirche sicherten dem Geber einen guten Platz im Himmel. Um die Schenkfreudigkeit zu erhöhen, wurde damals zusätzlich eine lange vergessene Lehre wiederbelebt, die Lehre vom Fegefeuer. Es war ein Ort der Reinigung, eine Art Warteschleife, in die Seelen kamen, die noch mit geringen Sünden behaftet waren. Um die Zeit bis zur Aufnahme in den Himmel zu verkürzen, konnten die Angehörigen für sie beten oder besser noch spenden. Damit setzte der Klerus die Tradition der heidnischen Religion, in der Opfer die Götter gnädig stimmen sollten, fort. Es wundert also nicht, dass am Ende der Ottonenzeit die Kirche zwei Drittel der Ländereien Deutschlands besaß. Bischöfe und Äbte mussten deshalb immer öfter staatliche Aufgaben übernehmen. Sie beherbergten den reisenden Königshof, waren die wichtigsten Ratgeber des Königs, und ihre Vasallen stellten die Hauptmasse des Heeres.

Wie der Staat, so war auch die Kirche straff organisiert. Bereits zu fränkischer Zeit war Mitteldeutschland in Kirchenbezirke eingeteilt: in Erzbistümer, Bistümer, Archidiakonate, Sedes und Pfarreien. Thüringen und Sachsen-Anhalt bis zur Elbe und Saale gehörten zum Erzbistum Mainz. Darin eingeschlossen war das Bistum Halberstadt, das Karl der Große 804 gegründet hatte. Östlich von Elbe und Saale, im Gebiet der Slawen, errichtete Otto I. im Jahre 948 zwei neue Bistümer, Brandenburg und Havelberg. Sie existierten allerdings nur auf dem Papier, denn die dortigen Bischöfe hielten sich meist bei ihren Amtsbrüdern westlich der Elbe oder in der Umgebung des Königs auf. In ihren Bischofsburgen waren sie selten, denn die Einwohner waren in der Mehrheit heidnische Slawen, die weder zu einem Gottesdienst erschienen noch irgendwelche Abgaben leisteten. Anders dagegen war die Lage in den 968 gegründeten Slawenbistümern Merseburg, Meißen und Zeitz. Sie waren von einem dichten Netz von Burgwarden überzogen, von denen aus die deutschen

Besatzungen auch den Kirchenzehnt eintrieben. Darin bestand ja der eigentliche Zweck dieser Bistümer und nicht, wie oft angenommen, in der Missionierung. Den Erfolg solcher Missionierungsversuche, wenn sie denn einmal unternommen wurden, schildert Thietmar von Merseburg:

*„Um die ihm anvertrauten neuen Gläubigen recht unterweisen zu können, schrieb er (Boso, erster Merseburger Bischof – R. A.) eine Anleitung zum Glauben in slawischer Sprache. Er bat die Slawen auch, das Kyrie eleison zu singen, nachdem er ihnen den Sinn erklärt hatte. Diese herzlosen Menschen verdrehten aber dieses Wort voll Hohn in das unsinnige ‚Ukrivolsa', was übersetzt heißt: ‚Die Eller steht im Busch', und setzten noch hinzu: ‚So hat Boso gesprochen.' Dieser hatte sie aber doch ganz anders unterwiesen."*

Merseburg, Meißen und Zeitz waren auch wichtige Stationen auf den königlichen Reisewegen und Kriegszügen gegen die Slawen. Die Gründung dieser drei Bistümer geschah zusammen mit der Errichtung des Erzbistums Magdeburg im Jahre 968. Diesen Plan hatte Otto I. bereits viele Jahre vorher gefasst, konnte ihn aber auf Grund des Widerstandes der Bischöfe von Halberstadt und Mainz nicht durchsetzen. Ihnen wäre durch die Gründung des Erzbistums Magdeburg ein großer Teil ihres Territoriums und damit der Einnahmen verlorengegangen. Erst nach dem Tod des Halberstädter Bischofs Bernhard und des Mainzer Erzbischofs Wilhelm wurde das Erzbistum Magdeburg errichtet. Das zeigt die eingeschränkte Macht des Königs. Hätte er sich gegen den Willen der beiden Bischöfe durchgesetzt und gegen geltendes Kirchenrecht verstoßen, hätte er sich sämtliche deutschen Bischöfe zu Feinden gemacht.

Die Erzbischöfe und Bischöfe unterschieden sich kaum von den Herzögen und Grafen. Sie gehörten zu den „Großen" des Reiches. Sie waren die engsten Berater des Königs, zogen mit ihm durchs Land oder nach Italien und nahmen an den Kriegszügen gegen die Slawen teil. Thietmar berichtet von mehreren solchen Reisen und Feldzügen. Nach Italien musste er allerdings nie mit, was ihm aber recht war, denn über Italien schreibt er:

*„Mit großem Glück, aber auch mit Auszeichnung überstand er (Heinrich II. – R. A.) dann die Alpenüberquerung und sah unsere liebliche Heimat wieder. Die Landschaft und die Lebensanschauung der Bewohner Italiens entsprechen doch nicht ganz der unsrigen. In Rom und in Oberitalien regieren Tücke und List. Alle, die dorthin kommen, empfängt man mit wenig Zuneigung. Alles, was Fremde dort brauchen, müssen sie teuer bezahlen, wobei man immer mit Betrügereien rechnen muss. Viele werden dort auch durch Gift umgebracht."*

Die umfangreichen Ländereien der Kirche wurden nicht von den Klerikern selbst verwaltet. Sie hatten dafür Vögte, die die Abgaben und Frondienste überwachten und im Namen der Bischöfe und Äbte Recht sprachen. Das Los der Bauern, die auf Kirchenland saßen, war besonders hart, denn die Vögte versuchten, so viel wie möglich für sich selbst abzuzweigen. So ist es verständlich, dass Jahrhunderte später im Bauernkrieg vor allem die Klöster und Kirchen das Ziel der wütenden Bauern wurden.

## *Die Klöster*

Über das Leben in den Klöstern gibt es kaum verlässliche Nachrichten. Das liegt daran, dass die Schreibkundigen in der Regel Mönche oder Nonnen waren, die kein Interesse daran hatten, die wahren inneren Verhältnisse ihres Klosters in der Öffentlichkeit auszubreiten. Was man erfährt, ist das Bild von einer frommen Gemeinschaft, die den strengen Regeln des heiligen Benedikt folgte. Mönche und Nonnen waren demnach so etwas wie Heilige, die den ganzen Tag beteten, Messgewänder bestickten sowie antike Bücher abschrieben. Sie lebten keusch, fasteten, versorgten Kranke und verteilten Almosen. Sicher gab es so etwas, denn sonst hätten wir heute beispielsweise weder die „Germania" des

Tacitus noch die herrlichen Teppiche aus dem Quedlinburger Domschatz. Was man aber aus den spärlichen Berichten Außenstehender über die Klöster weiß oder ahnt, ergibt ein völlig anderes Bild. Die Klöster hatten eine ganz bestimmte Funktion im System Staat-Kirche zu erfüllen. Der Eintritt in ein Kloster war, im Gegensatz zu heute, nicht freiwillig. Mönche und Nonnen waren in der Regel Kinder von Adligen, die bereits im Kindesalter von ihren Eltern für das Kloster bestimmt worden waren. Die Söhne waren nicht erbberechtigt, und für die Töchter hatte sich kein standesgemäßer Mann gefunden. Im Kloster waren sie gut versorgt. Beim Eintritt schenkten die Eltern dem Kloster ein Stück Land und gaben für die Klosterinsassen ein Festmahl. Die zukünftigen Mönche und Nonnen bekamen auch eine Anzahl „Höriger" als Dienerinnen oder Diener mit, um auch im Kloster standesgemäß leben zu können.

Das Leben im Kloster war streng hierarchisch geordnet. An der Spitze stand der Abt oder die Äbtissin, die meist aus dem Hochadel stammten und gewöhnlich Mitglieder der Stifterfamilie waren. Sie wohnten außerhalb des Klosters, hatten die absolute Verfügungsgewalt über die Mönche und Nonnen und waren selbst an keine Klosterregel gebunden. Es gab kleine und große, arme und reiche Klöster. Die großen und reichen Klöster hatten einen Teil ihrer Ländereien an Vasallen verpachtet, die dafür Heerfolge leisten mussten. Den Reichsklöstern war die sogenannte Gastungspflicht auferlegt, sie mussten sowohl im Stammkloster als auch in ihren Gutshöfen, die über das ganze Land verstreut waren, den reisenden Königshof aufnehmen und bewirten. Außerdem hatten sie das „servitium regale" zu erbringen, eine Abgabe an den reisenden Königshof aus Schlachtvieh und anderen Lebensmitteln. Wann wie viel wohin geliefert werden musste, bestimmte der König. Er sah es also nicht gern, wenn die Mönche und Nonnen ein regelwidriges Luxusleben führten und selbst die Vorräte des Klosters verbrauchten. So liest man oft von Reformen, die der König veranlasste und die den Zweck hatten, das ausschweifende Leben im Kloster einzuschränken. Häufig wurden dafür neue, fremde Äbte eingesetzt, die diese Reformen durchsetzen mussten. Viele Mönche und Nonnen verließen dann empört das Kloster, kehrten aber meist reumütig zurück, da sie sich im normalen Leben nicht mehr zurechtfanden.

Ein besonders krasses Beispiel vom Leben der Mönche erfährt man vom Erzbischof von Reims, Adalbero, der sich darüber beschwert, dass die Mönche *„gern um hohen Preis gekaufte Röcke mit weiten Ärmeln und großen Falten"* trugen und diese so fest um ihren Leib zusammenschnürten, *„dass die eingeschnürten Hüften den Hintern hervortreten lassen und man sie von hinten eher für unzüchtige Weiber als für Mönche halten könnte"*. Und weiter berichtet er über die Mode der Mönche:

*„Was soll ich aber von der Farbe ihrer Kleidung sagen? Ihre Verblendung geht so weit, dass sie Dienst und Würde nach der Farbe des Stoffes beurteilen. Wenn ihnen der Rock nicht durch seine schwarze Farbe gefällt, so wollen sie ihn schlechterdings nicht anlegen. Hat der Weber dem schwarzen Zeug weiße Wolle beigemischt, so wird auch deswegen der Rock verschmäht. Auch der braune Rock wird verschmäht. Nicht minder ist ihnen auch die von Natur aus schwarze Wolle nicht anständig genug, sie muss künstlich gefärbt sein. So viel von ihrer Kleidung. Was soll ich aber von ihren abenteuerlichen Schuhen sagen? Denn in dieser Hinsicht sind die Mönche so unvernünftig, dass ihnen der Nutzen einer Fußbekleidung großenteils entgeht. Sie lassen sich nämlich ihre Schuhe so eng machen, dass sie darin fast wie an den Stock geschlossen am Gehen gehindert sind. Auch setzen sie denselben vorn Schnäbel, an beiden Seiten aber Ohren an und tragen große Sorge, dass sie sich genau dem Fuße anschließen, und ihre Diener halten sie dazu an, dass sie mit besonderer Kunst den Schuhen einen spiegelhellen Glanz verleihen. Soll ich schweigen von ihren kostbaren Leintüchern und Pelzkleidern? Da unsere Vorgänger aus besonderer Nachsicht den Gebrauch von ge-*

*meinem Pelzwerk erlaubt haben, schlich sich auch hierin das Laster unnützer Pracht bei uns ein. Nun umziehen sie ihre ausländischen Pelze mit einem Saume, der zwei Spannen breit ist, und überziehen sie mit nordischem Tuche. Sich leinener Betttücher zu bedienen, ist keineswegs erlaubt, doch haben einige pflichtvergessene Mönche auch dieses zu ihrem unnützen Aufwand hinzugetan, und da die Anzahl derselben in den verschiedenen Klöstern sehr groß war, so haben sich die wenigen Guten von den zahlreichen Bösen verleiten lassen. Was aber soll ich von ihren unanständigen Beinkleidern sagen? Ihre Hosen haben eine Weite von sechs Fuß und entziehen doch wegen der Feinheit des Gewebes nicht einmal die Schamteile den Blicken. Ein einziger ist nicht zufrieden mit einem Stück Zeug, welches für zwei vollkommen ausreichen könnte.“*

Aber auch dieses Beispiel mönchischen Lebens wird sich nicht auf alle Klöster übertragen lassen. Das Leben in den Klöstern wird ein dauernder Kampf zwischen Askese und Luxus gewesen sein, wie die ständigen Reformen andeuten.

## Die fünf ottonischen Könige

Die damaligen Chronisten teilten ihre Zeit in Herrschaftsepochen der Könige. Auch heute stehen die Könige im Mittelpunkt der Geschichtsbetrachtung. Man gräbt ihre Pfalzen aus, rekonstruiert ihre Reisewege, spekuliert über die Versorgung ihres Trosses und untersucht ihre Verwandtschaftsbeziehungen. Dabei werden die Überlieferungen oft gutgläubig übernommen, ohne zu bedenken, dass es sich meist um Hofberichte handelt. Das noch heute allgemein verbreitete Bild von den ottonischen Königen und Kaisern als gütige, fromme und gerechte Gründungsväter der deutschen Nation ist, wenn man die Quellen richtig versteht, unzutreffend.

## *Heinrich I.*

Heinrich wurde um 875 geboren. Sein Vater war der Sachsenherzog Otto, sein Großvater hieß Liudolf. Ihr ursprünglich bescheidener Familienbesitz lag in Niedersachsen an einer Kreuzung wichtiger Heerstraßen am Fluss Gander. Dort hatte Liudolf im Jahre 852 das Kloster Gandersheim errichten lassen. Als die Ottonen später das Königsamt innehatten, wurde aus diesem Kloster ein Damenstift, in dem die Töchter des Hochadels erzogen wurden. Aus Gandersheim und dem ebenfalls von den Ottonen gegründeten Stift Quedlinburg kamen die Bräute für die Herzöge und Grafen. Durch diese Ehen wurde Reichspolitik gemacht. Äbtissinnen beider Stifte waren stets Töchter der Könige. Der Sachsenherzog Otto vergrößerte während seiner Herrschaft seinen Familienbesitz so, dass ihm am Ende seines Lebens fast das gesamte Gebiet Mitteldeutschlands gehörte. Seit der Eroberung des Thüringer Königreiches im Jahre 531 war Mitteldeutschland Eigentum der fränkischen Könige. Große Teile davon waren im Laufe der Jahrhunderte der Kirche übertragen worden, vor allem dem Erzbistum Mainz sowie den Klöstern Fulda und Hersfeld. Herzog Otto beschlagnahmte zunächst das noch verbliebene fränkische Königsgut, danach die Höfe des Mainzer Erzbistums, und schließlich übertrug er sich als Laienabt von Hersfeld große Teile dieses mitteldeutschen Klosterbesitzes. Ein wichtiges Stück Mitteldeutschlands aber fehlte ihm noch, der strategisch günstige Hassegau an der Slawengrenze, das Gebiet um Merseburg. Es gehörte einem gewissen Grafen Erwin. Im Jahre 906 heiratete der Sohn Herzog Ottos, Heinrich, die einzige Tochter Erwins namens Hatheburg und erhielt so den Hassegau. Drei Jahre später ließ sich Heinrich wieder scheiden, behielt aber Hatheburgs Mitgift, den Hassegau. Seine zweite Heirat mit Mathilde, einer Urenkelin des sächsischen Rebellen Widukind, sicherte ihm danach große Gebiete Westfalens.

Im Jahre 912 starb Herzog Otto, und sein Sohn Heinrich übernahm das Amt und den umfangreichen Besitz des Vaters. Sachsen war zu dieser Zeit das volkreichste und wirtschaftlich stärkste Herzogtum Ostfrankens. Kein Wunder also, dass der ostfränkische König Konrad I. (König von 911 – 918) auf dem Sterbebett seinen Bruder Eberhard gebeten haben soll, Herzog Heinrich das Königsamt anzubieten. Dieses Angebot, so die Legende, erreichte Heinrich, als er gerade beim Vogelfang war. Daher wird er auch „Heinrich der Vogler" oder „Heinrich der Finkler" genannt. Der Platz, an dem Eberhard ihn antraf, wird von vielen Orten in Anspruch genommen. Am bekanntesten sind der „Vogelherd" in Pöhlde und der „Finkenherd" am Fuße der Pfalz Quedlinburg. Diese Legende entstand allerdings erst Jahrhunderte später, als der Vogelfang für die Bauern die einzig erlaubte Art der Jagd war. Heinrich, so sollte die Legende sagen, war ein einfacher Mensch, ein Bauer, ein König des Volkes.

Als der fränkische und sächsische Adel im Jahre 919 in Fritzlar Heinrich die Königsinsignien übergab, war Heinrich bereits 44 Jahre alt, für damalige Verhältnisse ein alter Mann. Er wusste sehr wohl, was auf ihn zukam. Es war ein Leben voller Mühe und Gefahren, ständig durch das Land ziehend, immerfort in Kämpfe verwickelt. Nur im Winter konnte er sich in einer seiner sächsischen Pfalzen ausruhen. Nach Ostern aber, wenn der Schnee geschmolzen war, ging es wieder bis zum Spätherbst auf Reisen. Den halben Tag auf dem Pferd, fast jeden Abend an einem anderen Ort. Hätte er sich nicht auf sein Herzogtum beschränken, seinen Lebensabend in Ruhe verbringen können? Warum wollte er diese Strapazen übernehmen? Diese Frage lässt sich nur klären, wenn man die Situation um das Jahr 919 kennt. Heinrichs Herzogtum war massiv bedroht. Ständig wurde es überfallen, und seine Hausmacht reichte nicht aus, um sich erfolgreich dagegen zu wehren.

Sachsen war den Plünderungen der Ungarn schutzlos ausgeliefert, und Heinrich musste sich während ihrer Raubzüge auf einer seiner befestigten Burgen verstecken. Aber er hatte es nicht nur mit den Ungarn zu tun, er war von drei Seiten bedroht. Vom Norden her drangen immer wieder die Normannen ins Land und vom Osten die Slawen. Bei diesen ständigen Überfällen wurden den sächsischen Bauern das gesamte Vieh und die wenigen Wertsachen geraubt. Das Essbare wurde gestohlen, die Dörfer niedergebrannt, die Männer ermordet, Frauen und Kinder als Sklaven weggeführt. Konnten sich die Bauern rechtzeitig in die Wälder retten, dann standen sie vor dem Nichts. Für Jahre waren keine Abgaben zu erwarten, und somit traf es auch den Adel. Die Vorfahren der Bauern hatten sich in den Schutz des Adels begeben. Sie bearbeiteten geliehenes Land und zahlten dafür Abgaben. Als Gegenleistung erwarteten sie mindestens Schutz und Sicherheit. Die Bauern selbst konnten sich schlecht verteidigen. Das Heerwesen hatte sich in den vergangenen Jahrhunderten verändert, das Militär war ausschließlich Sache des Adels geworden. Die Autorität des Adels aber war bei den Bauern nach solchen Katastrophen verschwunden. Damit war auch Heinrichs Stellung als Herzog bedroht. Er musste, um seine eigene Macht zu behaupten, alle ostfränkischen Herzogtümer vereinen. Nur so konnte er ein genügend großes Heer zusammenbringen, um diesen Überfällen der Normannen, Slawen und Ungarn in Sachsen ein Ende zu bereiten. Die Herzöge von Bayern, Schwaben und Lothringen brauchten dagegen für ihren Machterhalt keinen König. Sie litten zwar auch unter Überfällen, hatten aber nur einen Feind, die Ungarn. Seit etwa 900 überfielen ungarische Heere auch Bayern und Schwaben, diese aber konnten sich mit den Ungarn arrangieren und sich loskaufen. Der Bayernherzog Arnulf hatte sogar so gute Beziehungen zu den Ungarn, dass er später für längere Zeit ihr Gast war.

Heinrich musste also die Bayern und Schwaben dazu zwingen, ihn als König anzuerkennen. Gleich nach seiner Königserhebung zog er mit seiner sächsischen Hausmacht nach Schwaben. Der schwäbische Herzog war gerade in einen Krieg mit seinem burgundischen Nachbarn verwickelt, er unterwarf sich und erkannte Heinrich als König an. Dafür verzichtete Heinrich auf einige königliche Rechte, wie die Übernahme der fränkischen Königspfalzen und die Besetzung der Bischofsstühle.

Den Bayernherzog Arnulf konnte er nicht so leicht überzeugen, im Gegenteil, die bayrischen Grafen hatten Arnulf selbst schon zum König erhoben. Nach zwei Feldzügen in den Jahren 920/21 gab der in Regensburg residierende Arnulf auf, unterwarf sich und bekam die gleichen Privilegien wie der schwäbische Herzog.

Heinrichs Reich erstreckte sich zunächst nur bis zum Rhein. Westlich davon, von den Vogesen bis zur Rheinmündung, lag das Herzogtum Lothringen. Es umfasste Teile des heutigen Nordfrankreichs, Belgien und Holland. Lothringen gehörte zu Westfranken und wurde von Karl III. regiert. Mit ihm schloss Heinrich 921 eine Art Nichtangriffspakt. Mitten im Rhein war das Schiff verankert, auf dem sich die beiden Herrscher mit ihren Gefolgschaften trafen und die bestehenden Grenzen anerkannten. Als Heinrich jedoch erfuhr, dass Karl III. in Kämpfe mit seinem Adel verwickelt war, nutzte er die Gelegenheit, eroberte in einem Feldzug im Jahre 923 zunächst den Ostteil Lothringens und im Jahre 925 den westlichen Teil.

Dazwischen hatte er sich der Ungarn zu erwehren. 924 durchzogen sie wiederum plündernd sächsisches Gebiet. Heinrich suchte Zuflucht in seiner befestigten Pfalz Werla. Bei diesen Kämpfen gelang es den sächsischen Truppen, einen hohen ungarischen Adligen gefangen zu nehmen. Nach Verhandlungen wurde er freigegeben, und Heinrich erhielt einen neunjährigen Waffenstillstand. Dafür musste er aber den Ungarn jährliche Tribute zahlen. Diese Zeit nutzte er, um das Land zu befestigen. Der sächsische Mönch Widukind von Corvey berichtet darüber:

*„Wie nun König Heinrich, als er von den Ungarn einen Frieden auf neun Jahre erhalten hatte, mit der größten Klugheit Sorge trug, das Vaterland zu festigen und die barbarischen Völker zu unterwerfen, dies auszuführen geht über meine Kräfte, obgleich ich es doch auch nicht ganz verschweigen darf. Zuerst nämlich wählte er unter den mit Landbesitz angesiedelten Kriegsleuten jeden neunten Mann aus und ließ ihn in Burgen wohnen, damit er hier für seine acht Genossen Wohnungen errichte und von aller Frucht den dritten Teil empfange und bewahre; die übrigen acht aber sollten säen und ernten und die Frucht sammeln für den neunten und dieselbe an ihrem Platz aufbewahren. Auch gebot er, dass die Gerichtstage und alle übrigen Versammlungen und Festgelage in den Burgen abgehalten würden, mit deren Bau man sich Tag und Nacht beschäftigte, damit sie im Frieden lernten, was sie im Fall der Not gegen die Feinde zu tun hätten. Außerhalb der Festen standen keine oder doch nur schlechte und wertlose Gebäude."*

Diese Maßnahme trug Heinrich den Beinamen „der Burgenbauer" ein. Gleichzeitig verstärkte er seine Reiterei. Mit ihr unternahm er mehrere Feldzüge gegen die Slawen. Zunächst zog er im Winter 928/29 gegen die Heveller, deren Burgenmittelpunkt Brennaburg (Brandenburg) nach einer Belagerung eingenommen wurde. Dass der Feldzug unüblicherweise im Winter stattfand, hing mit der Lage der Brandenburg zusammen. Sie befand sich auf einer von der Havel umflossenen Insel. Im Sommer war sie schwer einzunehmen, im Winter dagegen war die Havel zugefroren. Die Hevellerfürsten beherrschten von der Brandenburg aus das Land bis zur Oder. Mit der Einnahme der Brandenburg gewann Heinrich, so berichtet es jedenfalls Widukind von Corvey, deren gesamtes Gebiet und machte es zinspflichtig. Die Heveller müssen sich kaum gewehrt haben, denn die Belagerung dauerte nur kurze Zeit. Die Deutschen beließen den Hevellerfürsten im Amt, nahmen aber als Sicherheit für die Zinszahlungen Geiseln, darunter auch den Sohn und die Tochter des Hevellerfürsten. Dieser Fürst hieß nach dem Bericht eines arabischen Händlers „Bacqlabic", was wahrscheinlich Waclaw heißt. Der Sohn Waclaws hieß Tugumir. Mit Tugumirs Schwester, deren Name nicht überliefert ist, zeugte der 17-jährige Otto, der Sohn Heinrichs I. und zukünftige König Otto I., einen Sohn. Er hieß Wilhelm und wurde später Erzbischof von Mainz.

Tugumir wurde während seiner Geiselhaft Christ und Jahre danach zum Verräter an seinem Volk. Als die Brandenburg wieder im Besitz der Heveller war, erschien Tugumir im Auftrag Ottos I. bei seinen Landsleuten und behauptete, er sei aus der Geiselhaft entflohen. Daraufhin setzten sie ihn wieder ein, und er öffnete des Nachts den Deutschen die Tore der Festung.

Von der Brandenburg aus zog Heinrichs Heer im Winter 928/29 nach Prag. Der Weg führte an Gana vorbei, der Hauptburg der slawischen Daleminzier. Zwanzig Tage dauerte die Belagerung, bis die Sachsen diese wehrhafte Festung einnehmen konnten. Danach gingen sie mit aller Grausamkeit gegen die Bevölkerung vor. Anders als in der Brandenburg wurden in Gana die männlichen Bewohner getötet, Frauen und Kinder als Sklaven mitgenommen. Von Gana nach Prag führte der Weg über die Elbe. Hier ließ Heinrich auf einem Berg etwa 40 m über dem Fluss ein Kastell errichten, das diese Furt sichern sollte. Es ist die spätere Burg und Stadt Meißen. In Böhmen stieß der Bayernherzog Arnulf zu den Sachsen, und gemeinsam zogen sie nach Prag. Dort inthronisierte Heinrich den Böhmenherzog Wenzel und verpflichtete ihn zu einer jährlichen Tributzahlung. Den eigentlichen Grund aber, warum Heinrich mit seinen Sachsen nach Prag gezogen war, erfährt man aus dem Reisebericht des arabischen Händlers Ibrahim ibn Jakub. Er schreibt über das Prag jener Jahre:

*„Die Stadt Prag ist aus Steinen und Kalk erbaut, und sie ist der größte Handelsplatz jener Länder. Zu ihr kommen aus der Stadt Krakau die Russen und die Slawen mit Waren, und es kommen zu*

*ihnen aus den Ländern der Türken Mohammedaner, Juden und Türken gleichfalls mit Waren und gangbaren Münzen und führen von ihnen Sklaven, Zinn und verschiedene Felle aus. Ihr Land ist das beste von den Ländern des Nordens und das reichste an Lebensunterhalt. Für einen Pfennig verkauft man ihnen so viel Weizen, dass ein Mann daran für einen Monat genug hat, und man verkauft bei ihnen an Gerste für einen Pfennig das Futter von 40 Nächten für ein Reittier, und man verkauft bei ihnen 10 Hühner um einen Pfennig. In der Stadt Prag verfertigt man Sättel, Zäume und dicke Schilde, die in ihren Ländern im Gebrauch sind. Auch verfertigt man im Lande Böhmen dünne, locker gewebte Tüchelchen wie Netze, die man zu nichts anwenden kann. Ihr Preis ist bei ihnen wertbeständig: 10 Tücher für 1 Pfennig. Mit ihnen handeln sie und verrechnen sich untereinander. Davon besitzen sie ganze Truhen. Die sind ihr Vermögen, und die kostbarsten Dinge kauft man dafür: Weizen, Sklaven, Pferde, Gold, Silber und alle Dinge …“*

In Prag konnten Heinrich und seine sächsischen Ritter ihre Beute, die Sklaven aus Gana, verkaufen und sich mit Pferden, Sätteln, Zäumen und dicken Schilden eindecken. Dort gab es auch Lederwesten mit Metallplättchen, Helme und eiserne Beinschienen, woraus die damaligen Rüstungen bestanden, sowie wertvolle Schwerter und Lanzen. Dieser Zug in den Jahren 928/29 diente der Aufrüstung für die bevorstehenden Kämpfe mit den Ungarn. Das gleiche Ziel hatten in den darauf folgenden Jahren mehrere Feldzüge gegen die Lausitzer, Milzener und Ukraner.

Eine andere Maßnahme, sich auf die Ungarnkämpfe vorzubereiten, bestand seit dem Jahre 925 in der Gründung der „Legio Mesaburiorum“, der Merseburger Legion. Sie bestand aus Mördern und Räubern, die von Heinrich I. begnadigt worden waren. Er siedelte sie in der Vorburg von Merseburg an und teilte ihnen Land zu. Dafür mussten sie ihm als Sondertruppe bei seinen Feldzügen zur Verfügung stehen. Gegen Sachsen durften sie nichts unternehmen, gegen Slawen aber war ihnen alles erlaubt. Im Jahre 933 fühlte sich Heinrich I. stark genug, die Ungarn herausfordern zu können. Er verweigerte den ungarischen Gesandten den Tribut. Nicht lange danach fielen zwei ungarische Heere in Thüringen und Sachsen ein. Die wohl authentischste Schilderung dieser Kämpfe stammt von Widukind von Corvey:

*„Danach kamen die Gesandten der Ungarn zum König, die üblichen Geschenke zu holen; allein sie wurden von ihm mit Hohn abgewiesen und kehrten mit leeren Händen in ihr Land zurück. Als die Avaren (ursprünglich zentralasiat. Reitervolk, später in Pannonien ansässig, hier den Ungarn gleichgesetzt – R. A.) dies hörten, beeilten sie sich unverweilt, mit einem bedeutenden und ergrimmten Heer nach Sachsen einzudringen. Ihren Marsch nahmen sie durch Dalamantien und verlangten von ihren alten Freunden Hilfe. Diese aber, welche wussten, dass sie eilig nach Sachsen zögen und dass die Sachsen bereit wären, mit ihnen zu kämpfen, warfen ihnen als Geschenk einen fetten Hund vor. Da es jedoch nicht Zeit war, eine Beleidigung zu rächen, während man zu einem anderen Kampf eilte, geleiteten jene ihre Freunde noch lange mit gar lächerlichem Spott. Nun drangen sie mit möglichst raschem Angriff in das Gebiet der Thüringer ein und durchzogen dies ganze Land sengend und brennend. Hier teilten sie ihre Scharen; ein Teil zog nach Westen und suchte von Westen und Süden nach Sachsen einzudringen. Aber die Sachsen, vereint mit den Thüringern, scharten sich zusammen, begannen mit ihnen einen Kampf, töteten die Anführer und zersprengten den Rest des westlichen Heeres durch diese ganze Landschaft. Von diesen wurde ein Teil durch Hunger aufgerieben, ein anderer kam durch Kälte um, noch andere starben, niedergehauen oder gefangen, wie sie es verdienten, eines jämmerlichen Todes. Das im Osten zurückgebliebene Heer aber hörte, dass die Schwester des Königs, welche der Thüringer Wido geheiratet hatte – sie war nämlich außerhalb der Ehe gezeugt –, eine benachbarte Feste bewohne und viel Gold und Silber besäße. Deshalb begannen sie die Burg*

*mit solcher Macht zu stürmen, dass sie, hätte nicht die Nacht die Kämpfer am Sehen gehindert, dieselbe genommen hätten. Als sie aber in dieser Nacht von der Niederlage ihrer Gefährten hörten und dass der König mit einem mächtigen Heer über sie komme – der König hatte nämlich sein Lager bei einem Ort namens Riade aufgeschlagen –, verließen sie von Furcht ergriffen das Lager und riefen nach ihrer Weise durch Feuer und ungeheuren Rauch die zerstreuten Schwärme zusammen. Der König aber führte am folgenden Tag sein Heer vorwärts und ermahnte die Reisigen, ihre Hoffnung auf Gottes Gnade zu setzen und nicht zu zweifeln, dass ihnen die göttliche Hilfe, gleich wie in anderen Treffen, beistehen werde; die Ungarn seien ihrer aller gemeinsame Feinde, sie sollten allein auf die Verteidigung ihres Vaterlandes und ihrer Angehörigen bedacht sein; bald würden sie sehen, dass die Feinde sich zurückziehen würden, wenn sie, mannhaft kämpfend, standhielten. Durch diese vortrefflichen Worte angefeuert, und da sie ihren Feldherrn bald unter den Vordersten, bald in der Mitte und bei den Letzten weilen sahen, und vor ihm den Engel – mit dem Namen und dem Bildnis desselben war nämlich das vornehmste Feldzeichen geziert –, erhielten die Krieger Zuversicht und große Standhaftigkeit. Der König aber besorgte, dass, wie es auch eintraf, die Feinde beim Anblick geharnischter Ritter sogleich die Flucht ergreifen möchten; so sandte er ein Fähnlein Thüringer mit nur wenigen Rittern, damit jene die leicht Bewaffneten verfolgen und bis ans Heer herangelockt werden möchten. Und so geschah es, aber nichtsdestoweniger flohen sie, sobald sie das gewappnete Kriegsvolk erblickten, sodass auf acht Meilen Weges kaum einige wenige getötet oder gefangen genommen wurden; das Lager aber wurde erstürmt und sämtliche Gefangenen befreit.“*

Widukinds „Riade“ wurde in der Vergangenheit von unterschiedlichen Orten beansprucht. In Thüringen und Sachsen-Anhalt gibt es viele Rieth-Dörfer oder Orte mit Rieth-Flurnamen, und fast alle wollten sich mit diesem geschichtsträchtigen Ereignis schmücken. Lange Zeit galt der Ort Keuschberg bei Merseburg als „Riade“, nicht nur weil es in seiner Flur viele Rieth-Namen gibt, sondern weil diese Schlacht auf einem Wandbild in der Merseburger Pfalz abgebildet war. Der Bischof Liutprand von Cremona, der dieses Bild dort sah, meinte deshalb, dass die Schlacht in der Nähe stattgefunden haben müsste. Mittlerweile aber einigten sich die meisten Historiker darauf, das Riade des Jahres 933 in dem Ort Ritteburg bei Artern zu sehen. In verschiedenen Urkunden wird ein ähnlich klingender Ausstellungsort Reot, Rieda oder civitas Riede genannt, sicher eine ottonische Pfalz. Auch diese Pfalz wird in Ritteburg vermutet, denn in einer dieser Urkunden aus dem Jahre 1000, in der Otto III. der Magdeburger Kirche den Burgwardbezirk Riede schenkte, wurde „Uocstedi“, Voigtstedt, von dieser Schenkung ausgenommen. Voigtstedt aber ist ein Nachbarort Ritteburgs, und deshalb soll Ritteburg sowohl die urkundlich genannte Pfalz Reot, Rieda, die civitas (der Burgbezirk) Riede als auch das Widukindsche Riade sein.

Allerdings deutet in Ritteburg nichts auf einen Platz hin, der für eine Pfalz geeignet gewesen wäre. Im Gegenteil, kilometerweit erstreckt sich am Zusammenfluss von Helme und Unstrut nur sumpfiges Flachland. Auch der Reiseweg spricht gegen Ritteburg als Pfalzort, denn Ritteburg liegt nur etwa 10 km von den benachbarten Pfalzen Allstedt bzw. Memleben entfernt, eine ungewöhnlich kurze Strecke. Ein anderer Rieth-Ort an der Unstrut käme als Riade sogar eher in Frage, doch dazu später.

934 griff Heinrich den Dänenkönig Knut an und zwang ihn zur Tributzahlung und zur Annahme des Christentums. Gegen Ende des Jahres 935 erlitt Heinrich auf der Jagd im Harz einen Schlaganfall, konnte sich aber noch so weit erholen, dass er einen Hoftag nach Erfurt einberief. Dort bestimmte er seinen Sohn Otto zu seinem Nachfolger. Von Erfurt aus zog der Hof nach Memleben. Dort erlitt Heinrich erneut einen Schlaganfall und

starb am 2. Juli 936. Sein Leichnam wurde nach Quedlinburg überführt.

Die deutschen Nationalsozialisten machten Heinrich I. zu einem kultischen Leitbild. Begonnen hatte dieser Heinrichkult der Nazis im Jahre 1935, als sich die Quedlinburger Stadtväter an die höchsten Reichsstellen um Unterstützung für die Ausrichtung der Feierlichkeiten zum 1000. Todestag Heinrichs I. am 2. Juli 1936 wandten. Der SS-Chef Heinrich Himmler befahl, dass die SS mit der Stadt Quedlinburg alleinige Trägerin der Feiern sein sollte. 1935 wurde die „Ahnenerbe-Stiftung" gegründet, die sich vor allem mit der Zeit Heinrichs I. befasste. Die Quedlinburger Stiftskirche St. Servatius, in der Heinrich I. begraben liegt, wurde zu einer nationalen Pilgerstätte, in der bis 1944 jährlich am 2. Juli „Heinrichsfeiern" stattfanden. Braunschweig, Enger, Fritzlar, Wetzlar, Gandersheim, Erfurt, Goslar, Meißen, Nordhausen, Schleswig, Wallhausen und Quedlinburg wurden zu „König-Heinrich-Städten" ernannt. 1938, nach der Annexion Österreichs, wurden, wie schon erwähnt, die Reichsinsignien von Wien nach Nürnberg gebracht. Zu ihnen gehörte auch die Heilige Lanze. Sie galt den Nazis als „Heiliger Speer Wotans". Die Wewelsburg bei Paderborn im „Lande Widukinds und Hermanns", die sich die SS im Jahre 1934 angeeignet hatte, musste von KZ-Häftlingen umgebaut werden. Ihr Grundriss glich danach der Form der Heiligen Lanze. Das Wichtigste aber, was die Nazis von Heinrich übernahmen, war der Drang nach Osten, die Eroberung slawischer Gebiete.

Mit Heinrich I. hatte einst eine Entwicklung begonnen, an deren Ende im späten Mittelalter Deutschland bis zum Baltikum reichte. Wie Heinrich I. Burgen und befestigte Höfe als deutsche Stützpunkte im Slawenland gründen ließ und das Land in Marken und Gaue einteilte, so bekamen von den Nazis landlose deutsche Bauern im Osten einen „Lehenshof" in einer „Siedlungsmark", an deren Spitze ein „Markhauptmann" stand.

Diese Neusiedler wurden auch „Wehrbauern“ in Anlehnung an die „milites agrarii“ Heinrichs I. genannt. Und noch eine Erfindung Heinrichs übernahmen die Nazis, die „Merseburger Legion“. Widukind von Corvey schrieb über sie:

*„König Heinrich war zwar gegenüber Fremden sehr streng, gegenüber seinen Landsleuten aber in allen Fällen mild; sooft er daher sah, dass ein Dieb oder Räuber ein tapferer Mann und zum Krieg geeignet sei, erließ er ihm die gebührende Strafe, versetzte ihn in die Vorstadt von Merseburg, gab ihm Acker und Waffen, befahl ihm, die Bürger zu schonen, gegen die Barbaren (hier die Slawen – R. A.) aber, so viel sie sich getrauten, Raubzüge zu unternehmen. Die solchermaßen gesammelte Menschenschar bildete eine vollständige Heerschar zum Kriegszug.“*

Heinrichs „Merseburger Legion“ entsprach dem „SS-Sonderkommando Dirlewanger“. Diese Truppe bestand zunächst nur aus verurteilten Wilddieben, später wurde sie mit Kriminellen aus den Zuchthäusern und KZs aufgefüllt und erreichte gegen Kriegsende Divisionsstärke. Ihre Alkoholexzesse, Brutalität bei Massenerschießungen, Folter von Gefangenen, Plünderungen, Verbrechen an Frauen und Kindern waren berüchtigt. Bei der Niederschlagung des Warschauer Aufstandes kostete ihr Einsatz 30 000 Menschen das Leben.

Allerdings besteht zwischen den Nazis und Heinrich I. ein wesentlicher Unterschied. Zu Heinrichs Zeiten war diese Grausamkeit allgemein üblich. Die Ungarn, Normannen und Slawen verhielten sich, wenn sie die Deutschen überfielen, kaum anders.

Eine andere Tatsache, die Heinrich I. und die Nazis betrifft, ist ebenfalls erwähnenswert: Heinrich begründete zwar die deutsche Nation, es dauerte aber fast 1000 Jahre, bis jedem Deutschen klar werden konnte, dass er Deutscher ist. Erst 1934 gab es mit der „Verordnung über die deutsche Staatsangehörigkeit“ für Deutsche einen einheitlichen Ausweis, der sie als deutsche

Staatsbürger kenntlich machte. Begründet wurde das im „Gesetz über den Neuaufbau des Reiches". Dort hieß es: *„Die Volksabstimmung und die Reichstagswahl vom 12. November 1933 haben bewiesen, dass das deutsche Volk über alle innenpolitischen Grenzen und Gegensätze hinweg zu einer unlöslichen inneren Einheit verschmolzen ist."*

Bis dahin zerfiel das deutsche Volk immer noch in Preußen, Sachsen, Badener, Bayern, Thüringer usw., die erst als solche Reichsbürger waren. Die deutsche Staatsangehörigkeit ist der Dank dafür, dass die Mehrheit der Deutschen die Nazis gewählt hatte. Am Ende des „Dritten Reiches" konnten die Deutschen allerdings von Glück reden, dass ihr Gebiet im Osten noch bis zur Oder/Neiße reichte. Im September 1944 nämlich hatten die Alliierten in London beschlossen, die Ostgrenze Deutschlands an die Elbe-Saale-Linie zu verlegen, dorthin, wo sie im Jahre 919 verlief, bevor Heinrich I. slawisches Gebiet eroberte.

Und ebenfalls konnten die Deutschen froh sein, dass die „Ungarn, Normannen und Slawen", d. h. die von den Faschisten überfallenen Völker, inzwischen zivilisiert waren und nicht wie vor 1000 Jahren Gleiches mit Gleichem vergalten. Denn dann gäbe es angesichts der Millionen Toten des 2. Weltkrieges heute das deutsche Volk nicht mehr.

## *Otto I.*

Der älteste Sohn Heinrichs I., Otto I., regierte 37 Jahre lang. Unter seiner Herrschaft, heißt es gewöhnlich, erlebte das deutsche Reich eine erste Blütezeit. Man nennt sie auch die „ottonische Renaissance". Im Jahre 973, am Ende seines Lebens, huldigten ihm in Quedlinburg die Abgesandten aus ganz Europa. Thietmar von Merseburg berichtet:

*„Er zog dann nach Quedlinburg, wo er das Osterfest in Dankbarkeit gegenüber Gott und mit irdischen Freuden feierte. Dorthin*

*reisten auch auf kaiserlichen Wunsch die Herzöge Mieszko (Mieszko I., Herzog von Polen – R. A.) und Boleslav (Boleslav II. „der Fromme", Herzog von Böhmen – R. A.), ferner Gesandtschaften der Griechen, der Beneventer, Ungarn, Bulgaren, Dänen und Slawen wie alle Magnaten des ganzen Reiches. Nachdem alle anstehenden Probleme friedlich ausgeräumt wurden, kehrten alle reich beschenkt nach Hause zurück."*

Otto hatte im Jahre 936 von seinem Vater relativ gefestigte Machtstrukturen übernommen. Die Herzöge und Grafen waren gewohnt, dass die Erbfolge eingehalten wurde und die ältesten Söhne nach dem Tod des Vaters automatisch vom König wieder belehnt wurden. Bereits zu Beginn seiner Herrschaft aber brach Otto mit dieser Tradition. Er verlieh Herzogtümer und Grafschaften nur an ihm treu Ergebene. Damit erhöhte er zwar seinen Einfluss, schuf sich aber auch etliche Feinde. Die schlossen sich zusammen und wollten ihn stürzen. So hatte er Kämpfe gegen den Frankenherzog Eberhard und den bisweilen als „Rebellen des Ottonenreiches" bezeichneten Grafen Wichmann II., aber auch gegen seinen Bruder, den Bayernherzog Heinrich I., und seinen Halbbruder Thankmar zu führen, die er nur mit großem Glück und, wie der Bischof Liutprand von Cremona schrieb, mit Hilfe der Heiligen Lanze siegreich überstand.

Bereits im Jahre 929 hatte Otto die englische Prinzessin Edgitha, oft auch Editha genannt, geheiratet und ihr als Morgengabe Magdeburg geschenkt. Als Edgitha 946 starb, wurde sie in Magdeburg begraben. Diese Stadt hatte für Otto vor allem strategische Bedeutung, sie wurde zum Ausgangspunkt zahlreicher Feldzüge gegen die Slawen. Hier ließ er eine mächtige Kirche bauen, die Vorgängerin des heutigen Doms, und hier gründete er 968 ein neues Erzbistum.

Vier Jahre lang war Otto Witwer, dann heiratete er die Königin von Italien Adelheid. Ottos Sohn aus erster Ehe, Liudolf, Herzog von Schwaben, fürchtete zu Recht, dass ihm durch diese neue Verbindung Konkurrenz erwachsen würde. Seine Stiefmutter Adelheid war erst zwanzig Jahre alt, und es war zu erwarten, dass seine Eltern noch Kinder zeugen und sie bei der Thronfolge berücksichtigen würden. Liudolf verbündete sich daher mit anderen Adligen und wollte seinen Vater stürzen.

Dieser Liudolfinische Aufstand endete, als erneut die Ungarn erschienen. Auf dem Lechfeld bei Augsburg im Jahre 955 errang Ottos Heer einen überwältigenden Sieg. Die Ungarn gaben ihre Raubzüge auf, wurden sesshaft, und ihr König Geza bat Otto I. um christliche Missionare. Ottos Macht blieb danach bis zu seinem Lebensende ungefährdet. Durch die Ehe mit Adelheid war Otto auch König von Italien geworden, genauer Norditaliens einschließlich der Stadt Rom. Der Süden Italiens wurde von Byzanz beherrscht. Das Misstrauen, das die Byzantiner dem wachsenden Einfluss Ottos in Italien entgegenbrachten, zumal er 962 auch noch zum Kaiser gekrönt wurde, suchte Otto zu mindern, indem er für seinen Sohn Otto um eine byzantinische Prinzessin werben ließ. Der Kaiser in Byzanz schickte ihm seine Nichte Theophanu, die im Jahre 972 mit dem späteren Otto II. verheiratet wurde. Nach dem Reichstag im Jahre 973 in Quedlinburg begab sich Otto I. über Merseburg nach Memleben, wo er verstarb. Beigesetzt wurde er neben seiner ersten Frau Edgitha in Magdeburg.

## *Otto II.*

Otto I. hatte schon früh die Herrschaft seines einzig überlebenden Sohnes vorbereitet. Mit fünf Jahren wurde dieser zum König gekrönt, mit zwölf zum Kaiser und mit siebzehn verheiratet. Otto II. war hochgebildet, seine Lehrer waren Volclod, der spätere Bischof von Meißen, und Ekkehard, ein Mönch aus St. Gallen. Otto II. versammelte die größten Geister seiner Zeit um sich und führte wissenschaftliche Streitgespräche. In politischen

Geschäften aber war Otto II. ein ausgesprochener Pechvogel. Die Kämpfe mit dem Bayernherzog Heinrich dem Zänker, den Herzögen von Böhmen und Polen, dem König von Frankreich sowie dem Dänenkönig Harald Blauzahn machten ihm schwer zu schaffen. Nur mit ungeheurer Mühe gelang es ihm, seine Herrschaft zu behaupten. Eine vernichtende Niederlage erlitt er mit seinem Heer im Jahre 982 in Süditalien. Noch Jahrzehnte danach erinnerte man sich an die Einzelheiten dieser „Katastrophe von Cotrone", sodass Thietmar sie genau schildern konnte:

*„Anschließend beabsichtigte er (Otto II. – R.A.), die Sarazenen, die sein Gebiet erneut mit einer imposanten Heeresmacht heimgesucht hatten, zu besiegen. Deshalb sandte er erfahrene Spione aus, um sich durch sie über den Feind exakt zu unterrichten. Zuerst stellte er sie in einer Burg, besiegte sie und zwang sie zur Flucht. Dann griff er ihre Schlachtordnung wagemutig im offenen Feld an. Er tötete eine große Menge von ihnen, sodass er annehmen konnte, sie endgültig besiegt zu haben. Völlig unerwartet sammelten sich diese wieder und griffen mit geballter Macht unsere Truppen an, die jetzt ohne großen Widerstand zurückwichen. Am 13. Juli (982) fielen – wie schmerzt doch die Erinnerung an sie – Richer, der Lanzenträger, Herzog Udo, der Onkel meiner Mutter, ebenso die Grafen Thietmar, Bezelin, Gebhard, Gunther, Ezelin und dessen Bruder Bezelin, wie auch Burchard, Dedi, Konrad und unzählige andere, deren Namen nur Gott kennt.*

*Der Kaiser konnte mit … den Übrigen ans Meer fliehen. Als er in der Ferne ein Schiff, eine sogenannte Salandria, erblickte, schwamm er auf dem Pferd des Juden Calonimus darauf zu. Das Schiff passierte jedoch, ohne ihn aufnehmen zu wollen. Als er sich dann wieder dem befestigten Ufer näherte, erwartete ihn der Jude in großer Sorge, wie es seinem geliebten Herrn gehe. Als der Kaiser die immer näher heranrückenden Feinde sah, fragte er den Juden traurig, was nun wohl aus ihm werde? Als er dann auf einer anderen Salandria einen ihm wohlgesonnenen Mann erspähte, warf er sich erneut auf dem Rücken des Pferdes in das Wasser. Er erreichte das Schiff und wurde aufgenommen, und zwar von seinem Dienstmann Heinrich, auf slawisch Zolunta genannt, der ihn als einziger erkannt hatte und auf das Lager des Schiffskapitäns legte. Schließlich erkannte auch dieser ihn und fragte, ob er nicht der Kaiser sei. Er gab nun seine Identität preis, die er lange zu verheimlichen gesucht hatte, und sprach: ‚Ich bin es und bin zur Strafe für meine Sünden in diese missliche Lage geraten. Hört aber jetzt zu, wir müssen gemeinsam handeln. Ich bin sehr unglücklich über den Verlust der hervorragendsten Männer meines Reiches. Dieser Schmerz sitzt wie ein Stachel, und ich kann und will diese meine Gebiete nicht mehr betreten und auch die Freunde der Gefallenen nie wieder sehen. Wollen wir uns doch in die Burg Rossano begeben, wo meine Gemahlin auf mich wartet. Mit ihr und dem reichlich vorhandenen Geld wollen wir dann zu eurem Kaiser, meinem Bruder, reisen, der mir hoffentlich in dieser Situation ein treuer Freund sein wird.' Der Kapitän war von diesen schmeichlerischen Worten sehr angetan und ließ Tag und Nacht angestrengt rudern, um den besagten Ort schnell zu erreichen. Als sie dort angekommen waren, wurde auf Anordnung des Kaisers jener Dienstmann mit dem doppelten Namen vorausgeschickt, um die Kaiserin und den Bischof Dietrich (von Metz – R. A.) sowie viele Saumtiere, die zum Geldtragen bestimmt waren, an Bord zu holen.*

*Als nun die Griechen (d. h. die byzantinischen Seeleute – R. A.) die Kaiserin mit so prächtigen Geschenken aus der Burg kommen sahen, setzten sie die Anker und ließen zunächst den Bischof mit einigen Begleitern in das Schiff. Der Kaiser aber, der auf Anraten des Bischofs die schlechte Kleidung mit einer besseren getauscht hatte, sprang plötzlich vom Vorderdeck, auf dem er sich befand, ins Meer, indem er ganz auf seine Kräfte als guter Schwimmer vertraute. Einer von den Griechen, der bei ihm stand, versuchte ihn an den Kleidern festzuhalten. Liuppo, ein hervorragender Ritter, durchbohrte diesen mit seinem Schwert, sodass er nach hinten tot zusammenbrach. Da-*

*raufhin floh die Schiffsbesatzung auf die andere Seite des Schiffes. Die Unseren aber fuhren in den Booten, mit denen sie gekommen waren, ungefährdet zum Kaiser, der sie am Ufer und in Sicherheit erwartete. Obwohl er bereit war, den Griechen den versprochenen Lohn reichlich zu geben, fuhren diese bestürzt, da sie seinen Versprechungen nicht trauten, nach Hause …"*

Auch die Slawen hörten von dieser Niederlage und nahmen sie zum Anlass, die deutschen Bischofssitze und Burgen auf ihrem Gebiet zu zerstören, die deutschen Besatzungen zu töten oder außer Landes zu jagen. Danach hatten die slawischen Stämme nordöstlich der Elbe fast 150 Jahre Ruhe vor deutschen Angriffen.

Auch in Mitteldeutschland hinterließ die Herrschaft Ottos II. Spuren. Er wollte die Gegend um die Pfalz Memleben, in der sein Vater und Großvater gestorben waren, zu einem Zentrum Ostsachsens machen. Dafür tauschte er vom Kloster Hersfeld umfangreichen Landbesitz ein. Am östlichen Rand des Dorfes Memleben begann der Bau einer gigantischen Kirche und Klosteranlage. Beides wurde allerdings nie fertig, da der Bau nach seinem frühen Tod eingestellt wurde. Von Italien aus löste er auch das Bistum Merseburg auf, was ihm von einigen Zeitgenossen arg verübelt wurde. Otto II. starb mit 28 Jahren in Italien an Malaria und wurde in Rom im Petersdom begraben.

## *Otto III.*

Der Sohn Ottos II. war gerade einmal drei Jahre alt, als sein Vater starb. Seine Mutter Theophanu und seine Großmutter Adelheid befanden sich in Italien. Er selbst war dem Kölner Erzbischof zur Erziehung übergeben worden. Da die Vormundschaft über einen Minderjährigen üblicherweise der nächste männliche Verwandte bekam, übernahm der bayrische Herzog Heinrich II. den kleinen Otto vom Kölner Erzbischof. Heinrich, schon zu

Lebzeiten Heinrich der Zänker genannt, gebärdete sich danach wie ein König. Er feierte die hohen Feste in den Pfalzen Magdeburg oder Quedlinburg und ließ sich bereits huldigen. Doch die meisten sächsischen Adligen sowie der mächtige Erzbischof von Mainz Willigis waren gegen ihn und erreichten schließlich, dass Heinrich mit dem Knaben in der Südthüringer Pfalz Rohr erscheinen musste. Dort übergab er das Kind seiner Mutter und Großmutter, und beide Frauen übernahmen nun bis zur Volljährigkeit Ottos die Regierung.

Im Jahre 991 starb Theophanu, und Adelheid regierte allein bis zum Jahre 994. Dann war Otto 14 Jahre alt und nach damaliger Sitte volljährig. Nach einigen erfolglosen Feldzügen gegen die Slawen zog er im Jahre 995 nach Rom. Dort wollte er den Streit römischer Adelssippen um das Amt des Papstes schlichten. Kurzerhand setzte er seinen Verwandten Brun, einen Priester aus seiner Hofkapelle, als Papst Gregor V. ein. Brun war der erste Deutsche in diesem Amt. Einige Wochen später krönte Brun/Gregor Otto zum Kaiser.

In Rom traf Otto viele kluge und fromme Männer, die ihn stark beeinflussten. Darunter war auch Gerbert von Aurillac, der spätere Papst Silvester II. Von allen Chronisten wird er als klügster Kopf seiner Zeit bezeichnet. Das Ziel Ottos neuer Politik war die Wiederherstellung des antiken Römischen Reiches auf christlicher Grundlage. In dieses Reich wollte er auch die christlich gewordenen östlichen Länder einbinden. So zog er mit großem Gefolge zu Beginn des Jahres 1000 über Zeitz und Meißen ins polnische Gnesen. Während dieses Besuches wurde Gnesen zum Erzbistum erhoben und die Bistümer Breslau, Kolberg und Krakau ihm untergeordnet. Als Zeichen der Freundschaft überreichte Otto dem polnischen Herzog eine Nachbildung der Heiligen Lanze. Anschließend zog Otto nach Aachen. Hier ließ er das Grab Karls des Großen öffnen und entnahm ihm ein goldenes Halskreuz, was als Grabschändung von vielen Zeitgenossen übel vermerkt wurde. Aufstände in Italien veranlassten ihn, von Aachen aus wieder nach Rom zu reisen. Dort bemühte er sich vergeblich, die Unruhen zu besänftigen. Er zog sich in die Burg Paterno in Norditalien zurück, wo er im Januar 1002 an Malaria erkrankte und mit 22 Jahren unverheiratet und kinderlos verstarb.

## *Heinrich II.*

Als die Leiche Ottos III. in Bayern eintraf, bemächtigte sich, wie erwähnt, Herzog Heinrich IV., der Sohn des inzwischen verstorbenen Heinrich des Zänkers, der Königsinsignien. Er hatte die Absicht, Nachfolger Ottos zu werden. Dafür brauchte er jedoch die Zustimmung der Fürsten und Bischöfe. Die aber waren uneins. Einige waren auf Heinrichs Seite, andere wollten den Markgrafen Ekkehard. Wieder andere hatten sich für den Schwabenherzog Hermann oder den Herzog von Kärnten entschieden. Der Kärntener verzichtete freiwillig, und der Schwabe Hermann gab auf, als der einflussreichste Mann im Reich, der Mainzer Erzbischof Willigis, sich für Heinrich entschieden hatte. Übrig blieben der Bayer Heinrich IV. und Ekkehard I., der mächtige Markgraf des Ostens. Ekkehard aber wurde in der Königspfalz Pöhlde ermordet.

Dieser Mord gab schon den Zeitgenossen Rätsel auf. Sie sind bis heute nicht gelöst. Wenn man aber den entsprechenden Bericht Thietmars aufmerksam liest und das weitere Schicksal der Mörder kennt, ist es nicht schwer herauszufinden, wer hinter diesem Mord steckte. Thietmar schrieb:

*„Er (Markgraf Ekkehard I. – R. A.) brach nach Northeim auf, wo er am Hof Graf Siegfrieds (Siegfried I. von Northeim – R. A.) freundlich empfangen und gebeten wurde, dort zu übernachten. Adelhind, die Frau des Grafen, konnte ihm vertraulich mitteilen, dass die Söhne ihres Gemahls, Siegfried und Benno, ferner die Brü-*

*der Heinrich und Udo (von Katlenburg – R. A.) sowie andere Verschwörer einen Hinterhalt bereitet hätten, um ihn zu töten …*

*… Endlich erreichte der Markgraf Pöhlde, so wie er es geplant hatte. Er speiste am Abend mit einigen, um sich dann in einen Holzverschlag zurückzuziehen. Die meisten anderen schliefen auf dem nahe gelegenen Söller. Als diese wegen ihrer Müdigkeit in tiefen Schlaf versanken, fielen die Feinde über sie her, ohne dass diese vorbereitet waren. Ekkehard wurde durch den außerordentlichen Lärm geweckt. Er warf seine Hose und was er sonst noch gerade zur Hand hatte, ins Feuer, um dieses aufflammen zu lassen. Er riss das Fenster auf, was aber eher den Feinden zum Vorteil, als ihm zum Schutz gereichte. Vor seiner Tür wurde der Ritter Hermann erschlagen, draußen auch Adolf, als er gerade seinem Herrn zu Hilfe kommen wollte. Beide waren tapfer und ihrem Herrn bis in den Tod treu. Erminold, der Kämmerer des Kaisers, wurde verwundet, sodass Ekkehard, der bewundernswerte Held im Krieg wie im Frieden, auf sich alleine gestellt war. Siegfried streckte ihn mit einem kraftvollen Lanzenstoß ins Genick nieder. Als dies die restlichen Verschwörer sahen, eilten sie heran, schnitten ihm das Haupt ab und plünderten in schäbiger Weise seinen Leichnam. Dies ereignete sich am 30. April (1002). Nach der erfolgreichen Schandtat kehrten die Mörder in Hochstimmung unbedroht heim. Die Begleiter Ekkehards, die auf dem Söller waren, waren zu feige, ihrem bedrängten Herrn zu helfen oder ihn dann zumindest zu rächen. Der dortige Abt Alfger nahm die Leichenschau vor und feierte in größter Ehrfurcht die Seelenmesse.*

*Die Motive für diese Verbrechen kann ich nicht zuverlässig referieren. Einige sagen, dass Heinrich (von Katlenburg – R. A.) auf Betreiben Ekkehards einst vom Kaiser (Otto III. – R. A.) mit Geißelhieben bestraft worden sei und aus diesem Grund schon lange auf Rache sann. Andere behaupten, dass sie dies taten, da Ekkehard in Werla die beiden Schwestern beschimpft hatte, denen sie sich treu ergeben zeigen wollten. Möglicherweise geschah es auch wegen der*

*Drohungen, die Ekkehard beim Mahl (in Werla) gegen sie ausgestoßen habe. Ich kann nur dies sagen: Ekkehard war eine Zierde des Reiches, eine Stütze des Vaterlandes und die Hoffnung für alle die gewesen, die sich ihm anvertraut hatten, in gleichem Maße ein Schrecken für alle Feinde, ein alles in allem vollendeter Mann, hätte er sich nur etwas demütiger verhalten ...*"

Normalerweise hätten die Mörder nach einer solchen Bluttat nicht „*in Hochstimmung frohgemut*" heimkehren können. Die „*Begleiter Ekkehards*", seine Gefolgsleute, wären ihnen, wie man es oft liest, gefolgt und hätten versucht, ihren Herrn zu rächen. Dass sie es nicht taten, war keine Feigheit, wie Thietmar ihnen unterstellte. Feige Gefolgsleute hätten nirgends wieder eine Anstellung gefunden. Zudem hätte man sie gerichtlich belangen können. Aber weder ihnen noch den Mördern wurde später ein Prozess gemacht. Im Gegenteil, alle vier Grafensöhne, die an dem Mord beteiligt waren, lebten normal weiter. Sie übernahmen ihr väterliches Erbe und konnten es sogar noch erweitern. So wurde beispielsweise Udo von Katlenburg Vogt des Bremer Bischofs Unwan. In der Reichspolitik spielten sie allerdings keine große Rolle mehr, sie wurden still und heimlich von der öffentlichen Bühne genommen.

Das erste von Thietmar angeführte Motiv für den Mord, dass Graf „*Heinrich auf Betreiben Ekkehards einst vom Kaiser mit Geißelhieben bestraft worden sei*", ist ungewöhnlich. Man liest sonst nirgends, dass Hochadlige durch körperliche Züchtigung bestraft wurden. Selbst bei dem schlimmsten Verbrechen, der Verschwörung gegen den König, wurden sie enteignet, verbannt oder einem anderen Hochadligen in Verwahrung gegeben. Stritten sie ihre Tat ab, kam es zum Prozess, bei dem sie auf Reliquien schwören oder durch einen Sieg im Zweikampf ihre Unschuld beweisen mussten.

Noch weniger glaubhaft ist Thietmars Annahme, dass sich die Mörder den beiden Schwestern Ottos III., Adelheid und

Sophie, *„treu ergeben zeigen“* wollten. Ekkehard hatte sich, wie Thietmar an anderer Stelle berichtet, bei einem Treffen der sächsischen Großen in der Pfalz Werla mit Arnulf, dem Bischof von Halberstadt, und dem sächsischen Herzog Bernhard I. an einen reich gedeckten Tisch gesetzt, der eigentlich für Adelheid und Sophie gedacht war. Das hatte die *„Anwesenden erbittert“*, wie Thietmar schrieb. Diese Erbitterung ist nachzuvollziehen, allerdings aus einem völlig anderen Grund. Die beiden Schwestern Ottos III., Adelheid und Sophie, waren 27 und 25 Jahre alt und die Töchter Ottos II. und der bildschönen Griechin Theophanu. Sie werden sicher von ihrer Mutter einiges geerbt haben. Der sächsische Herzog Bernhard war 29, Bischof Arnulf etwa 35 und Ekkehard 42 Jahre alt. Außer dem verklemmten Thietmar hat wohl niemand seiner Zeitgenossen angenommen, dass Ekkehard und seine Freunde die beiden Frauen ausgeladen oder gar beschimpft hätten. Das Gegenteil wird der Fall gewesen sein, und genau das wird die anderen *„Anwesenden erbittert“* haben.

Auch die Familie Ekkehards, seine Frau Swanhild, sein ältester Sohn Ekkehard II. sowie die weitverzweigte Sippe der Ekkehardiner, unternahm nichts, um diese Bluttat zu rächen oder wenigstens Genugtuung zu verlangen. Sie holten den Leichnam Ekkehards und bestatteten ihn in ihrer Stammburg Kleinjena. All das legt den Schluss nahe, dass dies ein Mord im Auftrag des späteren Königs Heinrich II. war. Er wusste, dass der mächtige und selbstbewusste Ekkehard sich nie mit seiner Niederlage abgefunden hätte. Dass dies aber später niemand öffentlich zu sagen wagte, bestärkt nur diese Annahme.

Nach der Königsweihe durch den Mainzer Erzbischof begab sich Heinrich II. auf den üblichen Königsumritt. Dabei versicherte er sich der Zustimmung der übrigen Fürsten, auch der sächsischen. Obwohl sich Heinrich II. oft in seinen sächsischen Pfalzen aufhielt, verschob sich jetzt das Zentrum des Reiches in den Süden. So wurde Memleben, das von Otto II. als „Aachen des Ostens“ geplant war, aufgelöst und Hersfeld unterstellt. Das neue kirchliche Zentrum war Heinrichs Neugründung Bamberg. Dass er gleichzeitig das Bistum Merseburg wiederherstellte, hatte strategische Gründe. Mehr als seine Vorgänger verließ sich Heinrich auf die Bischöfe, sie hatten die Hauptlast seiner Unternehmungen zu tragen. Merseburg und Magdeburg waren die Ausgangspunkte für alle Kriegszüge nach Osten.

Heinrich hatte die Bündnispolitik seines Vorgängers gegenüber Polen verlassen, da auch der polnische Herzog Boleslaw Chrobry nach dem Tod Ottos III. keinen Wert mehr auf gute nachbarschaftliche Beziehungen legte und große Teile der Ostmark besetzt hatte. Heinrich verband sich für seine Feldzüge gegen die christlichen Polen mit den heidnischen Liutizen. Vom sächsischen Adel erntete er dafür Kritik, denn man konnte doch nicht mit Heiden gegen Christen kämpfen. Allerdings war das nur eine religiös verbrämte Ausrede, denn viele sächsische Fürsten waren durch familiäre Bande eng mit dem polnischen Adel verbunden. Sie hatten deshalb keine Veranlassung, Krieg gegen ihre polnischen Verwandten zu führen. So blieben Heinrichs Bemühungen, Polen wieder tributpflichtig zu machen, am Ende erfolglos. Heinrich II. starb 1024 und wurde in Bamberg begraben. Mit seinem Tod endet das ottonische Zeitalter.

## Die Ausübung der Herrschaft

### *Regieren vom Sattel aus*

Im Mittelalter gab es in Deutschland keine Hauptstadt. Der König besaß keine feste Residenz, er war vom Frühjahr bis zum späten Herbst ständig unterwegs. Er regierte, wie man sagt, vom Sattel aus. Nur im Winter, in der Zeit von Weihnachten bis Ostern, hielt er sich ständig in einer größeren Pfalz auf. Auf seinen

Reisen musste der König alles, was er zum Leben und Regieren brauchte, mit sich führen. Sein Hofstaat muss ein beeindruckender Tross gewesen sein, der stundenlang über bestimmte Wege des Landes zog. Noch heute sind viele dieser Wege als „Heerstraßen“ im örtlichen Gedächtnis.

Dieser Tross hatte neben seiner praktischen Funktion vor allem repräsentativen Charakter. Er bestand aus einer Vielzahl von Ochsenkarren, auf denen sämtliche Utensilien, die der königliche Hof benötigte, transportiert wurden. Für die Soldaten waren das Zelte und Decken sowie Rüstungen und schwere Waffen, die sie auf dem Marsch behindert hätten. Dazu kam das Werkzeug der Handwerker, so von Stellmachern und Zimmermännern, die unterwegs defekt gewordene Wagen oder unpassierbar gewordene Brücken reparieren mussten. Weiterhin wurde die gesamte Ausrüstung der Köche, Bäcker und Fleischer, dazu Schüsseln und Becher und eine Reserve von Lebensmitteln mitgeführt. Für den König selbst und seine nahen Angehörigen beförderte man Decken, Kissen, Tafeltücher, Vorhänge, Teppiche, Leuchter, Kerzen und allerhand Essgeschirr. Die Hofkapelle benötigte für den täglichen Gottesdienst Messgewänder, Kelche, Leuchter, Weihrauchfässer, Reliquienbehälter und Messbücher. Für die Kanzlei schließlich waren Truhen voller Urkunden, Akten, Bücher und das nötige Schreibzeug im Gepäck.

Trotz dieser vielen Dinge hätte der König nur wenige Leute gebraucht, um seine Aufgaben zu erledigen. Er musste als oberster Richter Streitfälle schlichten, Königsgüter tauschen oder verschenken, Bischofsstühle neu besetzen, Heereszüge planen und anordnen sowie Geschenke empfangen und verteilen. Dafür hätten ein paar Leibwächter, ein Koch, ein oder zwei Priester für den täglichen Gottesdienst und zum Urkundenschreiben sowie ein paar Diener und Pferdeknechte genügt. Die Orte, in denen er rastete, die Pfalzen, Klöster oder deren Gutshöfe sowie die Bischofssitze, waren für die Beherbergung einer solchen Gruppe voll ausgestattet. Er hätte aber auch von einer einzigen Pfalz aus regieren können. Was er unterwegs tat, war nie an den Ort gebunden, an dem er sich gerade befand. Zu den Reichstagen und Synoden bestellte er die Herzöge, Grafen, Bischöfe und Äbte aus dem ganzen Land zu sich. Auch die Orte der Urkunden über die Landschenkungen und Tauschgeschäfte haben selten etwas mit den Ausstellungsorten zu tun. So verschenkte Otto III. von Italien aus viele seiner Güter nördlich der Alpen. Er hatte die Listen seiner Besitztümer stets bei sich. Auch die Kandidaten für die Bischofsämter mussten meist zu ihm kommen, um sich den Krummstab abzuholen. Ebenso hätten die adligen Streithähne bei ihm vor Gericht erscheinen können. Warum also so ein gewaltiger Tross, warum zog der König ständig umher?

Dieses Reisekönigtum hatte eine wichtige Aufgabe bei der Machtausübung. Der König sollte mit seinem Hofstaat die Staatsmacht repräsentieren. Das ging am besten mit regelmäßiger persönlicher Anwesenheit und einem zahlreichen Gefolge. Sinnlich wahrnehmbar sollte den Herzögen, Grafen und kirchlichen Amtsträgern gezeigt werden, wer der Herr im Hause ist. Nicht zuletzt aber sollte den Bauern demonstriert werden, dass die Ordnung nicht in Frage gestellt werden durfte.

Die schriftlichen Quellen der Ottonenzeit bestehen zum großen Teil aus Berichten über Kämpfe innerhalb des Adels. Dabei ging es um Grenzstreitigkeiten, persönlichen Hass, Missgunst und Neid. Adlige fühlten sich oft bei der Neuvergabe von Ämtern und Gütern durch den König benachteiligt. Für die Bauern Mitteldeutschlands sorgte vor allem der jahrhundertelange Streit zwischen den Klöstern Fulda und Hersfeld für Verbitterung. Sowohl deren Fronhöfe als auch das verliehene Land lagen oft in derselben Gegend. Immer wieder, so liest man, kam es zwischen den Vasallen und Knechten beider Klöster zu bewaffneten Händeln. Dabei wurden auch die Bauern geschädigt, die ihr Land von einem der beiden Klöster zu Lehen hatten.

Selbst in der Königsfamilie gab es bisweilen Kämpfe um das Königsamt, so im Falle der Söhne Heinrichs I., Otto und Heinrich, oder Liudolfs gegen seinen Vater Otto I. Bei all diesen Kämpfen der Adligen wurden die Dörfer der Bauern niedergebrannt und die Felder verwüstet. So meinte man, den Gegner am härtesten zu treffen, denn dadurch wurde ihm seine Ernährungsgrundlage genommen. Dass die Bauern sich das nicht auf Dauer gefallen lassen wollten, ist verständlich. Allerdings ist davon in den Quellen kaum die Rede. Bauern waren kein Gegenstand der Geschichtsschreibung. Nur andeutungsweise erfährt man etwas darüber, wie beispielsweise bei Thietmar von Merseburg:

*„Von dort aus reisten wir weiter, und der König versuchte vor allem in den westlichen Reichsteilen die wankelmütige Stimmung zu erkunden und beruhigend zu wirken, damit nicht erneut die schon zur Gewohnheit gewordenen Unruhen ausbrachen. Manche loben diese Menschen, wenn sie sich gegen Ungerechtigkeiten ihrer Herren zur Wehr setzen. Wir dagegen werden als Feiglinge getadelt …“*

Oder bei Widukind von Corvey: *„Während dieser Zeit wütete der Krieg mit den Barbaren ohne Unterlass. Und da die Krieger, welche dem Markgrafen Gero zugewiesen waren, durch die häufigen Feldzüge aufgerieben wurden und durch Gaben oder Anweisung von Zinsgefällen zu wenig unterstützt werden konnten, weil die Abgaben häufig verweigert wurden, entbrannten sie von aufrührerischem Hass gegen Gero. Der König aber stand zum allgemeinen Wohle des Staates immer auf Geros Seite. Daher kam es, dass sie heftig erbittert ihren Hass auch auf den König selbst warfen.“*

Der reisende Königshof hatte demnach auch die Aufgabe, *„die schon zur Gewohnheit gewordenen Unruhen“* zu unterdrücken und dafür zu sorgen, dass nicht *„die Abgaben häufig verweigert wurden“*.

Diese Aufgabe, die Staatsmacht sinnlich wahrnehmbar zu machen und dem „kleinen Mann“ Achtung und Furcht einzuflößen, übernahmen übrigens in den nachfolgenden Jahrhunderten Bauwerke: Burgen, Schlösser und Kirchen, später Regierungs- und Gerichtsgebäude sowie andere staatliche Bauten wie Rathäuser, Postämter, Bahnhöfe und Schulen wurden viel größer gebaut, als es für ihre Funktion notwendig war. Sie sollten, wie einst der Tross der ottonischen Könige, das einfache Volk beeindrucken und jeglichen Gedanken an eine Veränderung der Machtverhältnisse gar nicht erst aufkommen lassen.

Aus wie vielen Personen der Hofstaat mit seinem Tross bestand, erfährt man aus den schriftlichen Quellen nicht. Die Zahl lässt sich aber aus einigen Andeutungen rekonstruieren. Eine Nachricht findet man beim Sächsischen Annalisten. Er schrieb, er habe in einem alten Buch gelesen, welche Lebensmittel Otto I. täglich benötigte:

*Jener Kaiser hatte für jeden Tag, wie sich verzeichnet findet, folgenden Speisevorrat: tausend Schweine und Schafe (mille porcos et oves), zehn Fuder Wein (10 carradas vini) und zehn Fuder Bier (10 cervisie), tausend Malter Korn (frumenti maltra mille) und acht Rinder (boves 8), außer den Hühnern, Ferkeln, Fischen, Eiern, Gemüse und anderem mehr (preter pullos et porcellos, pisces, ova, legumina aliaque quem plura).*"

Diese Nachricht schrieb der Annalist im Jahre 1150. Leider verrät er nicht, aus welchem alten Buch er diese Angaben hat und ob Otto solche Mengen auf einem normalen Umritt oder während eines Kriegszuges benötigte. Im letzteren Fall könnte man diese Angaben wörtlich nehmen, für einen normalen Reisetag jedoch nicht. Einige Historiker haben bereits versucht, diese Angaben des Annalisten auf heutige Maße zu übertragen, und sind dabei auf völlig unterschiedliche Mengen gekommen. Zunächst zum Fleischverzehr, den tausend Schweinen und Schafen sowie den acht Ochsen. Selbst wenn man berücksichtigt, dass diese Tiere damals kleiner waren als die heutigen und nur die essbaren Fleischteile berechnet, kommt eine illusorische Menge heraus. Die damaligen Schweine und Schafe wogen etwa 30 kg.

Bei einem normalen Schlachtverlust von etwa 60 % ergibt das insgesamt 12 000 kg Schweine- oder Schafsbraten. Die acht Ochsen – einer wog etwa 250 kg und hatte ein Schlachtgewicht von ca. 100 kg – ergaben 800 kg Rinderbraten. Rechnet man die Hühner, Ferkel, Fische, das Gemüse und vor allem die 1 000 Malter Korn zum Brotbacken hinzu, kommt eine unglaublich große Menge an Lebensmitteln zusammen.

Besser verständlich wird diese Angabe, wenn man das „mille" nicht wörtlich aus dem klassischen Latein mit „tausend" übersetzt, sondern, wie im Mittelalter üblich, darunter Begriffe wie „unzählige, zahllose, sehr viele" versteht. Gewöhnlich waren das etwa hundert, was der Wahrheit näher käme. Das geht auch aus dem Tafelgüterverzeichnis des 12. Jahrhunderts hervor. In diesem Verzeichnis sind alle Lieferungen der Königsgüter an die Pfalzen verzeichnet. Wie beim Sächsischen Annalisten beträgt die Anzahl der Rinder immer etwa ein Zehntel der Schweine und Schafe. Was die Rückrechnung der Fuder und Malter für Bier, Wein und Korn betrifft, so schwanken die Angaben aus dem späten Mittelalter regional zwischen 150 und 1 200 Litern, sind also für eine Berechnung wenig hilfreich. Der lateinische Ausdruck für ein Fuder („carrada") bedeutet Wagen, Karren. Im übertragenen Sinn bezeichnet das eine Menge, die auf einen Wagen passt. Im Fall von Wein und Bier wären das ein großes Fass, also zehn Fässer Bier und zehn Fässer Wein. Man gewinnt bei diesem Tagesverbrauch den Eindruck eines Gefolges von etwa eintausend Personen.

Betrachtet man die Königspfalzen und Klosterhöfe, auf denen der König mit seinem Gefolge rastete, wird diese Zahl von eintausend Personen bestätigt. Es gibt nur zwei mitteldeutsche Aufenthaltsorte des Königs, die bisher vollständig ausgegraben und wissenschaftlich ausgewertet wurden. Das sind die Königspfalz Tilleda und der Klosterhof Gebesee. Beide Orte bestehen aus drei getrennten Bereichen. Der eine Bereich ist die Hauptburg, in der mindestens ein Steingebäude und eine Kirche standen. In dem Steinhaus, das in Tilleda sogar eine Fußbodenheizung besaß, wohnten nur der König, seine Familie und sein engstes Gefolge. Der andere Bereich ist die Vorburg. In ihr standen einfache Lehmhütten für die dort ständig wohnenden Dienstleute und Handwerker. Beide Bereiche waren nach außen hin durch einen Wall, einen Graben, einen Zaun oder, wie in Tilleda, durch eine Steinmauer abgeriegelt. Aber auch innerhalb dieser Befestigung war die Hauptburg von der Vorburg durch Graben und Mauer streng getrennt. Man kam nur durch ein bewachtes Tor von der Vorburg in die Hauptburg. Der dritte Bereich schließlich war ein unbefestigtes großes Areal in unmittelbarer Nähe. Dort befand sich ein ebener Lagerplatz, auf dem Zelte aufgestellt werden konnten und wo der Tross und die Soldaten nächtigten. In Gebesee befindet sich dieser Platz östlich der Pfalz auf einer schwach ansteigenden Ebene, die im Norden von der Unstrut und im Osten und Süden durch einen Graben gesichert war. Dieses Gelände heißt auf der Flurkarte „Hinterburg“ und ist etwa doppelt so groß wie die Anlage des Klosterhofes. In Tilleda befindet sich dieser „Zeltplatz“ im westlich der Pfalz gelegenen Wolwedatal. Beide Lagerplätze bieten Raum für das Aufstellen von Zelten für etwa eintausend Personen.

## *Die Reisegeschwindigkeit*

Historiker haben bereits öfter versucht, nicht nur die Stärke des königlichen Trosses zu ermitteln, sondern auch die Strecken, die dieser reisende Königshof an einem Tag bewältigte. Dafür legten sie die Orte und Daten der Urkunden zugrunde und kamen manchmal zu Tagesetappen von 50 Kilometern und mehr. Diese Methode ging davon aus, dass die Urkunden stimmen, dass Ort und Datum mit dem tatsächlichen Aufenthalt des Königshofes identisch sind. Das aber war nicht immer der Fall. So gibt es beispielsweise von Heinrich I. zwei Urkunden für das Kloster Hersfeld, wovon die eine in „Reot“ ausgestellt ist und die andere in „Erphesfurt“. Beide aber tragen das Datum vom 1. Juni 932. Mindestens eine Datierung kann nicht stimmen. Die Orte und Daten der königlichen Urkunden haben manchmal nur symbolischen Charakter. Der Jahreskreislauf orientierte sich in der Hauptsache an den kirchlichen Feiertagen und Heiligenfesten. Tauschgeschäfte und Schenkungen zum Seelenheil Verstorbener stehen oft in Beziehung zu deren Todestagen. Wurde einer Kirche oder einem Kloster Land übertragen, spielten die Namenstage der Heiligen, denen das beschenkte Kloster bzw. die Kirche geweiht war, eine Rolle. Urkunden sind also kein geeignetes Mittel, um Tagesetappen zu ermitteln. Von Entfernungen über 50 Kilometer am Tag wird nur ein einziges Mal berichtet. Dabei handelt es sich um einen Sonderfall. Es ist die Reise des späteren Merseburger Bischofs Thietmar von Magdeburg nach Augsburg. Er schreibt darüber:

*„Der König erfuhr in Frankfurt vom Tod des Bischofs (Wigberts von Merseburg, des Vorgängers von Thietmar – R.A.) und ordnete sofort eine würdige Trauerfeier an. Schon zu dieser Zeit richtete er seinen Blick von mir weg auf Bessere, wozu ihm gewisse Leute rieten. Er dachte nämlich daran, diese Würde Adalger, einem Mann mit großen Verdiensten, zu verleihen. Als dies nun wiederum Tagino (Erzbischof von Magdeburg und ein Gönner Thietmars – R.A.) erfuhr, der ja ein enger Vertrauter des Königs war, wirkte er dem emsig entgegen und erreichte schließlich durch sein unermüdliches und intensives Bitten, dass der König einwilligte, mich durch den Propst Geso laden zu lassen. Dieser erreichte mich auf meinem Hof Rottmersleben ... Da trat plötzlich der schon Genannte (Propst Geso) in meine Kammer, zeigte mir die beiden Briefe und vermeldete mir die Anweisung, am Karsamstag (1009) in Augsburg zu erscheinen. Ich begab mich nach Magdeburg, von wo ich mit Einverständnis des Propstes und meiner geistlichen Mitbrüder am*

*Palmsonntag abreiste und am Dienstag nach Ostern mein Ziel erreichte. Der Erzbischof empfing mich gnadenvoll, wenn er mir auch wegen der Verspätung etwas zürnte …"*

Thietmar wurde zum König nach Augsburg bestellt, um dort das Merseburger Bistum zu erhalten. Der Hof Thietmars in Klein-Rottmersleben lag ca. 20 km von Magdeburg entfernt. Die Strecke von Magdeburg nach Augsburg betrug auf den damaligen Wegen etwa 600 km. Seine Reisezeit dauerte von Palmsonntag, dem Sonntag vor Ostern, bis Dienstag nach Ostern, also zehn Tage. Für Thietmar hing sehr viel davon ab, so schnell wie möglich nach Augsburg zu kommen. Jeder Tag Verspätung hätte den Unmut des Königs verstärkt und ihn am Ende vielleicht das Bischofsamt gekostet. Für diese 600 km brauchte er zehn Tage. Wahrscheinlich waren 60 km am Tag die damals höchstmögliche Reisegeschwindigkeit. Thietmar wurde aber bereits drei Tage früher, am Karsamstag, in Augsburg erwartet. Demnach hätte man ihm nur 7 Tage für diese Strecke zugebilligt und er hätte 85 km am Tag zurücklegen müssen. Das aber ist unwahrscheinlich, und so bleibt nur zu vermuten, dass der Bote des Königs, der Thietmar die beiden Briefe überbringen sollte, schon vor Palmsonntag in Magdeburg angekommen war und Thietmar dort nicht angetroffen hatte. Bis man Thietmar in Klein-Rottmersleben benachrichtigt hatte und er nach Magdeburg zurückgekehrt war, um sich die Erlaubnis für diese Reise zu holen, waren bereits zwei Tage vergangen.

Thietmar erwähnt zwei Briefe des Königs, die ihm Propst Geso übergab. Ein Brief wird die Einladung gewesen sein, und im anderen stand wahrscheinlich die Anweisung an alle Verwalter von Königs- und Kirchengütern, ihn und seine Begleiter, die im Auftrag des Königs reisten, mit allem Nötigen zu versorgen. Sie sollten ihnen Herberge, Verpflegung und notfalls frische Pferde geben. Nur so war diese Strecke in solch kurzer Zeit zu schaffen.

Die normalen Tagesetappen des Königshofes betrugen etwa 15 bis 20 km. Sie waren abhängig vom Tross, der, wie erwähnt, aus Ochsenkarren bestand. Pferde wurden zu jener Zeit noch nicht als Zugtiere verwendet, denn das Kummet wurde erst im 12. Jahrhundert eingeführt. Ochsen aber schaffen an einem Tag höchstens 20 Kilometer. Trotzdem ist manchmal von größeren Entfernungen die Rede. So schrieb Thietmar, dass der König an einem Tag von der Pfalz Seehausen nach Magdeburg zog. Diese Strecke beträgt 30 km. Solche Entfernungen waren nur vor sogenannten Festtagspfalzen möglich. Dort war alles Nötige zur Übernachtung des Königs und seines engeren Gefolges vorhanden und zu diesen Pfalzen konnte der König ohne den Tross vorausreiten.

### *Unbekannte Pfalzen*

Wenn man von einer täglichen Strecke des reisenden Königshofes von etwa 20 km ausgeht und diese Strecke zu den bekannten Aufenthaltsorten in Bezug setzt, dann wird klar, dass noch nicht alle Rastplätze des Königs bekannt sein können. Das soll an einem Beispiel gezeigt werden.

In den schriftlichen Quellen erscheinen 61 Aufenthaltsorte des ottonischen Königshofes in „Sachsen", also den heutigen Ländern Thüringen, Sachsen-Anhalt, Sachsen und Brandenburg. In Thüringen sind es Allstedt, Altenburg, Arnstadt, Dornburg, Erfurt, Gebesee, Gerstungen, Gottern, Haina, Heiligenstadt, Herrenbreitungen, Kirchberg, Mühlhausen, Nordhausen, Ohrdruf, Ritteburg, Rohr, Saalfeld, Tennstedt, Thangelstedt, Walldorf, Wechmar und Wölfis.

In Sachsen-Anhalt bzw. Brandenburg werden die Orte Arneburg, Balgstädt, Bodfeld, Derenburg, Eckartsberga, Eisleben, Frohse a. d. Elbe, Gernrode, Giebichenstein, Halberstadt, Halle, Hasselfelde, Havelberg, Helfta, Ilsenburg, Kayna, Leitzkau, Magdeburg, Memleben, Merseburg, Naumburg, Neuenburg,

Nienburg, Oschersleben, Osterhausen, Quedlinburg, Salzwedel, Samswegen, Seehausen, Siptenfelde, Sömmeringen (wüst), Tilleda, Treben, Walbeck, Wallhausen, Werben, Wiehe und Zeitz genannt.

Zeichnet man all diese Orte auf einer Landkarte ein, dann sieht man, dass zwischen einigen Orten nur wenige Kilometer liegen. So beträgt beispielsweise die Entfernung von Ritteburg nach Allstedt 8 km, zwischen Tilleda und Wallhausen 6 km oder zwischen Wiehe und Memleben nur 3 km. Dagegen liegen zwischen anderen Orten so weite Strecken, dass sie nicht an einem Tag zu bewältigen waren. Von Nordhausen nach Tilleda beispielsweise sind es 30, von Nordhausen nach Heiligenstadt fast 40 und von Nordhausen nach Mühlhausen etwa 60 km.

Die bekannten Aufenthaltsorte der Könige sind solche, in denen sie Urkunden ausstellen ließen. Aber nicht alle Urkunden, in denen sie Land tauschten oder verschenkten, sind noch vorhanden. Viele dieser Schriftstücke sind in den letzten Jahrhunderten verlorengegangen. Vor allem im Bauern- und im 30-jährigen Krieg wurden zahlreiche Urkunden vernichtet. Und nicht in allen Orten, in denen der Hof rastete, wurden Urkunden ausgestellt. In Mitteldeutschland konnte der König an vielen Orten Rast machen, hier hatte er in 256 Dörfern Besitz. Dazu kommen zahlreiche Orte, in denen die Klöster Fulda und Hersfeld Gutshöfe besaßen, die sich für die Aufnahme des Königshofes eigneten. Als Reichsklöster, die unmittelbar dem König unterstanden, hatten nicht nur die Stammhäuser, sondern auch die Klosterhöfe die sogenannte Gastungspflicht. Diese heute noch unbekannten Orte zu entdecken, wäre für Heimatforscher eine interessante Aufgabe.

Wie man einen solchen Ort herausfindet, soll an einem Beispiel erläutert werden. Dabei handelt es sich um die Strecke zwischen dem urkundlich erwähnten „Riade, Reot, Rieda, Riede etc.“, das gewöhnlich mit Ritteburg gleichgesetzt wird, und

Gebesee, dem Aufenthaltsort Heinrichs II. im Jahre 1004. Der Abstand von Ritteburg bis Gebesee beträgt etwa 45 km. Dazwischen müsste es mindestens eine bisher unbekannte Raststation gegeben haben.

Von Ritteburg aus geht es zunächst nach Süden über die Unstrut. Danach erreicht der Weg das Dorf Gehofen und steigt allmählich zur Hohen Schrecke hinauf. Noch heute führt ein alter Hohlweg durch den Wald zum Kamm. Er folgt diesem eine kurze Strecke, führt dann bergab und erreicht im Tal das Dorf Oberheldrungen. Hier zweigt eine Straße zum Ort Harras ab, die die Schmücke durch einen uralten Pass überwindet. Danach gelangt man in das erste Dorf des Thüringer Beckens, Hemleben. Bis dahin hat man bereits etwa 13 km zurückgelegt. Nun gibt es zwei Möglichkeiten, von Hemleben nach Gebesee zu gelangen. Die erste Möglichkeit wäre der Weg über das 3 km von Hemleben entfernte Beichlingen. Von dieser Burg aus beherrschte ein mächtiges Adelsgeschlecht jahrhundertelang das gesamte östliche Thüringer Becken. Erstmals erwähnt wird die Burg Beichlingen bei Thietmar von Merseburg im Jahre 1014 im Zusammenhang mit einem Mädchenraub. Thietmars Vetter Werner, Markgraf der Nordmark, wollte die Burgherrin Reinhild entführen, wurde dabei verletzt und starb wenig später an den Folgen. Heinrich II., der sich zu jener Zeit in Merseburg aufhielt, war über Werners Tat erbost. Reinhild hatte nämlich, so Thietmar, dem König versprechen müssen, einen Mann seiner Wahl zu heiraten. Das kann nur heißen, dass Beichlingen Reichsgut war. Werners Brautraub war demnach auch ein Versuch, sich Reichsgut anzueignen. Nur so lässt sich Heinrichs Zorn verstehen. Das Gelände der heutigen Burganlage entspricht durchaus den Maßen der bekannten Königspfalzen. Von Ritteburg nach Beichlingen sind es etwa 16 km, also eine durchaus übliche Entfernung.

Von Beichlingen über Kölleda nach Gebesee sind es knapp 30 km. Diese lange Strecke wäre aber nicht nötig gewesen, da auf dem Weg das Königsgut Vogelsberg lag. Bei diesem Ort befindet sich eine ehemalige Wallanlage, von der allerdings durch die intensive landwirtschaftliche Nutzung fast nichts mehr zu sehen ist. Das Gelände heißt „die Vogelsburg", es liegt auf einer Hochfläche, die sich am Ufer eines kleinen Baches, der Scherkonde, entlangzieht. Im Jahre 974 schenkt Otto II. seine „civitas Fugelesburg" dem Nonnenkloster Nordhausen, einer Gründung seiner Großmutter Mathilde. Der Königsbesitz in Vogelsberg umfasste 350 Hufen. Diese Fläche ist wesentlich größer als eine normale Dorfflur. Es muss sich also bei der Vogelsburg um das Zentrum eines umfassenden Reichsgutsbezirkes gehandelt haben, zu dem mehrere Dörfer gehörten. Ob mit der „civitas Fugelesburg" allerdings die Anlage auf der Höhe gemeint ist oder ein Gutshof im Dorf, ist unklar. Dieser Gutshof, Stifts- bzw. Pfaffenhof genannt, gehörte bis zum Jahre 1811 dem Kloster Nordhausen. Außerdem war das Kloster Fulda seit der Karolingerzeit in Vogelsberg begütert und besaß in oder bei Vogelsberg ebenfalls einen größeren Gutshof. Sowohl Nordhausen als auch Fulda hatten als Reichsklöster Gastungspflicht. Es gab also für den König zwei Möglichkeiten, in Vogelsberg Station zu machen.

Übrigens wurde diese Urkunde von Otto II. für Nordhausen am 17. Juni in der Pfalz Pöhlde ausgestellt. Vom Tag vorher, dem 16. Juni, stammt eine andere Urkunde, ausgestellt in Allstedt. Die Strecke von Allstedt nach Pöhlde beträgt etwa 60 km – ebenfalls ein Zeichen dafür, dass Urkunden keine Beweise für Tagesmärsche sind.

Von Vogelsberg nach Gebesee führte der Weg über Sömmerda. Ein Abschnitt heißt auf alten Flurkarten Heerstraße. Unmittelbar vor Sömmerda bog der Weg nach Westen und ging über Schallenburg, Werningshausen, die spätere Wüstung Endeleben zum Gebeseer Klausberg. Diese Strecke betrug 19 km.

Die zweite Möglichkeit, von Ritteburg aus über den Schmückepass Harras nach Gebesee zu gelangen, war ein Weg, der vom Pass Harras aus geradezu nach Westen zum Ort Griefstedt führte. Nach örtlicher Überlieferung hieß auch diese Strecke „Heerweg". Griefstedt liegt direkt an der Unstrut. Hier teilt sich der Fluss in einen rechten Lossa- und einen linken Unstrutarm. Beide vereinigen sich erst wieder kurz vor der Thüringer Pforte. Das Land zwischen diesen beiden Flussarmen heißt Ried. Kurz bevor sich die Unstrut in Griefstedt teilt, gab es eine Furt, in deren Nähe ein fränkisches Gräberfeld entdeckt wurde. Am nördlichen Unstrutarm liegt das Dorf Riethgen. Auf einer Hochfläche über diesem Dorf stehen noch heute die Reste einer ehemaligen Commende des Deutschen Ritterordens, die heutige Thomas-Müntzer-Siedlung. Die Geschichte dieser Commende beginnt im Jahre 1234. Die Thüringer Landgrafen Konrad und Hermann II. schenkten dem Deutschen Orden „*... alle Güter in den Dörfern, die im Ried genannt werden, nämlich 23,5 Hufen, unser Allod in Griefstedt mit der Mühle dortselbst, in Wüllstedt 7 Hufen, in Fischstedt 30 Hufen, das Offizium in Günstedt mit 10,5 Hufen mit all den dort liegenden Nutzungen ..., mit allen bebauten und unbebauten Ländereien, mit den Wiesen, Triften, Forsten und Gehölzen, Vorwerken, Weidengebüschen, Riethen, Teichen, Fischereien, Gewässern, Weinbergen und allem dabei Befindlichen, was irgendeinen Nutzen gewährt ...*"

Diese Urkunde zeigt, dass es sich hier um einen kompletten Fronhofverband handelte, der den Namen Ried trug. Die Thüringer Landgrafen, gleichzeitig Pfalzgrafen von Sachsen, konnten über Reichsgut verfügen, wenn es vom König nicht mehr beansprucht wurde. Das könnte hier der Fall gewesen sein. Es ist also wahrscheinlich, dass neben Ritteburg auch dieser Fronhof Ried einer der mehrfach urkundlich erwähnten Orte Reot, Riade, Rieda war.

Von diesem Fronhof Ried aus führte der Weg nach Günstedt. Hier stieß er auf einen überregionalen Handelsweg des späten Mittelalters zwischen Magdeburg und Erfurt. In Günstedt überschritt er zwei kleine Flüsse, die Helbe und Lache, und stieg leicht bergan auf den Kainsberg. An der Stelle, wo sich zwei Feldwege kreuzen und heute noch eine Postmeilensäule steht, bog der Weg nach Westen, erreichte die Runneburg und umging von dort aus in westlicher Richtung die beiden damals vor Weißensee liegenden Seen. Unterhalb des „Drachenschwanzes", dem Westende des sogenannten Michelsberges, führte der Weg nach Wundersleben. Weiter verlief er parallel zur Unstrut auf einem Höhenweg und überquerte zwischen Straußfurt und Vehra die Unstrut. Von hier aus waren es nur noch zwei Kilometer bis zum Klosterhof Gebesee. Von „Ried", der späteren Commende Griefstedt, bis Gebesee sind es etwa 20 km.

Früher nahm man an, dass der Hersfelder Klosterhof in Gebesee mitten im Dorf auf dem Gelände des Schlosses gelegen habe. Als vor kurzem aber eine Gasleitung durch den außerhalb des Ortes gelegenen Klausberg gelegt wurde, entdeckte man die Überreste der Pfalz. Gleiches könnte auf der Vogelsburg, dem Schloss Beichlingen oder der ehemaligen Commende Griefstedt geschehen. Oder an irgendeinem anderen Ort, der zwischen zwei Pfalzen liegt, die mehr als 20 km voneinander entfernt sind.

## *Das Militär*

Das Militär war die Grundlage der Macht. Jeder Adlige vom König bis zum Grafen besaß einen Trupp Bewaffneter, der je nach Vermögen unterschiedlich stark war. Diese „Haustruppen" bestanden aus unfreien jungen Bauernsöhnen, die von ihren Herren verpflegt und ausgerüstet wurden. Der Dienst bei einem Adligen war bei den jungen Leuten wahrscheinlich sehr begehrt. Man musste keine schwere körperliche Arbeit verrichten, kam herum, hatte jeden Tag genug zu essen und besaß den Bauern und Hörigen gegenüber eine Machtstellung. Vor allem jeden Tag satt zu sein war damals ein großes Privileg. Warum?

Die Bauern, die ja die Lebensmittel herstellten, hatten nicht immer genug davon. Ihre Hauptnahrung bestand aus Getreidebrei und Gemüse. Fleisch gab es nur im Winter und zu hohen Festtagen. Das Vieh brauchte man anderweitig: Ochsen als Zugtiere, Kühe für die Milch, Schafe für die Wolle und Hühner für die Eier. Nur wenn sie alt geworden waren oder in Notfällen wurden die Tiere geschlachtet. Als reines Schlachtvieh galt lediglich das Schwein. Vom Frühjahr bis Herbst trieb man es zur Mast in die Wälder, im Winter wurde es geschlachtet. Der Winter war zum Schlachten geeignet, denn eine Bauernfamilie konnte ein Schwein nicht auf einmal verzehren, und im Winter hielt sich das Fleisch länger. Auch Gemüse und Brot gab es auf dem Bauernhof nicht im Überfluss. Die Chroniken berichten oft von Unwettern und Missernten und den darauf folgenden Hungersnöten. Doch auch in normalen Jahren war die Ertragsfähigkeit der Böden gering. Das Verhältnis vom Saatgut zur Ernte war 1:3, d.h. ein Drittel der Ernte durfte nicht verzehrt, sondern musste als Saatgut aufgehoben werden. Die kirchlichen und fiskalischen Zehnten aber wurden vom Bruttoertrag gerechnet; folglich gehörte von zehn Garben auf dem Feld eine der Kirche und die zweite dem Lehnsherrn. Drei Garben waren Saatgut, also blieben dem Bauern von zehn Garben immer nur fünf. Sie mussten bis zur nächsten Ernte reichen, was nicht immer der Fall war. Der Adel aber und sein Militär waren das ganze Jahr über gut versorgt.

Jeder Adlige war mit seiner Haustruppe seinem Lehnsherrn gegenüber zur Gefolgschaft verpflichtet. Je höher also ein Adliger in der Hierarchie stand, umso mehr Militär stand ihm zur Verfügung. Die Anzahl der Soldaten wird oft viel zu hoch angenommen. Thietmar von Merseburg berichtet beispielsweise von seinem Vetter Werner, dem Markgrafen der Nordmark, dass sein Gefolge aus 20 Leuten bestand. Mit ihrer Hilfe erschlug er seinen Feind Dedi, den Grafen des Hassegaus, nachdem sie dessen 40 Begleiter in die Flucht gejagt hatten. An anderer Stelle schreibt er, dass die Liutizen mit 200 Mann das Heer des Erzbischofs Gisiler verfolgten. Gisilers Heer war ihnen *„zahlenmäßig weit unterlegen"*. Da vorher von acht Grafen in der Begleitung des Erzbischofs die Rede war, wird jeder von ihnen höchstens zehn Ritter und Knechte im Gefolge gehabt haben. Die Gefolgschaften der Adligen waren also kleinere Truppen. Ihre Hauptaufgabe bestand darin, die Bauern nachdrücklich an ihre Abgabe- und Fronpflichten zu erinnern. Sie mussten also nicht größer sein, als ein Dorf männliche Einwohner hatte. Die Haustruppe des Königs dagegen bestand, wie öfter berichtet wird, aus mindestens 300 Mann. Kümmerten sich die Herren nicht um ihre Gefolgsleute und deren Verpflegung, kündigten diese den Dienst, oder es kam zu Meutereien, wie Thietmar berichtet:

*„… Am folgenden Tag hielt ich mit den Dienstmannen meiner Kirche an der Elster bei der Burg Eythra eine Besprechung ab, nachdem ich sie dorthin bestellt hatte, um den Anwesenden Trost und Hoffnung zu geben und noch Abwesende herbeirufen zu lassen. Viele von diesen entbanden sich selbst von ihren Pflichten, bedingt zum Teil durch ihre eigene Unzuverlässigkeit, zum Teil durch die lange Krankheit meines Vorgängers …"*

Eine andere Episode zeigt, dass der Adel nicht immer seine Truppen im Griff hatte und dass er sich bisweilen auch vor ihnen in Acht nehmen musste. Selbst der König war manchmal dem Heer gegenüber relativ hilflos. Bei diesem Zwischenfall, den ebenfalls Thietmar schildert, handelt es sich um den Besuch Heinrichs II. zu Beginn seiner Regierungszeit bei seinem Freund, dem Bischof Meinwerk von Paderborn:

*„… Allgemein herrschte große Freude. O welch eine Schande, dass sie dann von der unersättlichen Habgier der Bayern (Truppen, die Heinrich aus Bayern mitführte – R.A.) so getrübt wurde. Zu Hause müssen sie sich stets mit wenigem begnügen, wenn sie aber unterwegs sind, gebärden sie sich unersättlich, plündern beispiels-*

*weise die Felder ihrer Nachbarn und töten diese, wenn sie ihr Eigentum verteidigen wollen. So entstand auch hier ein heftiger Kampf. Die Haustruppen des Königs (seine unmittelbare Leibwache – R.A.) mussten ausrücken, unterstützt von Einheimischen und Fremden, die den königlichen Truppen vorauseilten oder hinterherzogen. Es kam zu einem heftigen Gefecht, und die Bayern flohen geschlagen zum königlichen Hof. Dort wurde Heinrich, der Bruder des Kanzlers Eilbert, der dem König als Truchsess diente, durch einen Lanzenhieb getötet. Jetzt sammelten sich die Sachsen, die sich bisher zurückgehalten hatten, und setzten den Bayern nach. Wäre nicht Herzog Bernhard mit einem großen Aufgebot dazwischengegangen, hätte es wohl auf beiden Seiten große Verluste gegeben. Anschließend wurden die Anführer dieser Gewalttaten bestraft, soweit man sie ausmachen konnte ...“*

Dass selbst der König das Militär nicht immer im Griff hatte, zeigt auch die bereits erwähnte Tatsache, dass die Hauptburg einer Pfalz, in der der König mit seinem engeren Gefolge wohnte, sowohl gegenüber der Vorburg als auch gegenüber dem Lagerplatz des Heeres durch Wall und Graben gesichert war.

Wie stark die gesamte Militärmacht des deutschen Adels gewesen sein könnte, erfährt man aus dem „Indiculus loricatorum“, einem „Verzeichnis von Panzerreitern“. Als Otto II. im Jahre 982 gegen die Sarazenen in Süditalien ziehen wollte, schickte er zuvor eine Liste nach Deutschland, in der Grafen, Bischöfe und Äbte aufgefordert wurden, ihm zusätzliche Panzerreiter zu schicken. Man erfährt daraus neben der Stärke des Heeres auch die unterschiedliche Leistungskraft der einzelnen Grafschaften, Bistümer und Klöster. Insgesamt forderte Otto II. über 2000 Panzerreiter. Davon hatten die Bischöfe die Hälfte zu stellen und die Äbte ein Viertel. Das andere Viertel entfiel auf die Herzöge und Grafen. Drei Viertel des gesamten Aufgebotes hatte also die Kirche zu erbringen. Von den Bistümern sollten Straßburg, Augsburg, Mainz und Köln je 100 Panzerreiter stellen. Von Salzburg, Regensburg und Trier erwartete er je 70, von Eichstätt 50, von Worms, Würzburg, Chur, Konstanz und Freising je 40 und von Speyer 20. Die Klöster Reichenau und Fulda mussten je 60 und St. Gallen sowie Hersfeld je 40 Panzerreiter schicken. Diese zusätzliche Anforderung Ottos II. von 2000 Panzerreitern lässt darauf schließen, dass er mindestens die gleiche Anzahl von Reitern bereits nach Italien mitgenommen hatte.

Die Ausrüstung eines solchen Panzerreiters war sehr teuer. Jeder von ihnen war eine kleine militärische Einheit. Der Reiter selbst besaß zunächst neben seinen Waffen wie Schwert, Schild und Lanze ein aufwendig gearbeitetes dickes Lederwams. Dieses war mit Eisenplättchen bestickt und schützte den Körper wie ein Panzer vor Schwerthieben und Pfeilgeschossen. Zu den Waffen und der Rüstung kamen mehrere Reit- und Packpferde sowie Diener. So ein Panzerreiter musste Zelte und Lebensmittel mitführen und sich und seine Begleiter selbst versorgen. Den Wert einer solchen Panzerreiter-Einheit bemisst man mit 20 Rindern oder dem Tribut von 12 Hufen, etwa 120 ha Land. Geht man von insgesamt 4000 Panzerreitern aus, die Otto II. gegen die Sarazenen führte, und zählt die dazugehörigen Diener und Trossknechte hinzu, dann hätte dieses Heer aus mindestens 10000 Mann bestanden. Angesichts dieser Anzahl ist aber die totale Niederlage, die dieses Heer gegen die Sarazenen erlitt, schwer nachvollziehbar. Die Forderungen Ottos im „Indiculus loricatorum“ werden also kaum erfüllt worden sein.

Aus dem Kloster Reichenau ist eine Anordnung erhalten, die zeigt, wer letztlich die Kriegskosten bezahlen musste:

*„Wenn eine Heerfahrt des Königs dem Bischof angesagt ist, so wird der Bischof einen Beamten zu dem Abt schicken, der Abt wird seine Ministerialen zusammenrufen, wird ihnen die Heerfahrt bekannt machen, und die Ministerialen werden das Folgende zusammenbringen und das Zusammengebrachte dem erwähnten Beamten an dem bestimmten Tage auf dem Platz vor dem Tor übergeben:*

*einen Wagen mit 6 Rindern und Leuten, ein Saumross mit Sattel und Zubehör, 2 Mann dazu, den Führer und den Treiber. Geht ein Rind oder das Saumross zugrunde, so soll der Beamte aus dem Vermögen des Bischofs Ersatz leisten. Alle Bauernhöfe sollen dazu, wenn der König die Fahrt nach Italien macht, ihre übliche Steuer (das heißt einen ganzen Jahreszins als außerordentliche Steuer) geben. Wenn es aber gegen Sachsen, Flandern oder sonst wohin diesseits der Alpen geht, wird nur die Hälfte gegeben. Aus diesen Beisteuern sollen sowohl Wagen als auch die Saumtiere mit Lebensmitteln und dem sonst für die Reise Nötigen beladen werden."*

## *Das Recht*

Zur Ottonenzeit gab es kein aufgeschriebenes Recht. Die erste deutsche Rechtsaufzeichnung stammt aus der Mitte des 13. Jahrhunderts: der Sachsenspiegel des Eike von Repgow. Einige Passagen scheinen älter zu sein und noch aus der Ottonenzeit zu stammen. Der Sachsenspiegel behandelt aber nur die Rechte des Adels, hauptsächlich das Erb- und Lehnrecht. Die Rechte der Bauern, so Eike, seien so mannigfach und unterschiedlich, dass er sie nicht hätte aufzeichnen können.

Recht war eine Frage der Macht. Oberster Gerichtsherr war der König. Er musste die ständigen Auseinandersetzungen zwischen den Adelssippen so zu schlichten versuchen, dass seine Macht und das gesamte System nicht gefährdet wurden. Adlige Verbrecher wurden, wie erwähnt, enteignet, und wenn man ihrer habhaft wurde, anderen Adligen in Gewahrsam gegeben. Beliebt war die Burg Giebichenstein als Haftanstalt. In der Regel wurde der Gefangene nach einiger Zeit auf Fürsprache seiner Angehörigen vom König begnadigt. Nur in Ausnahmefällen wurden Adlige hingerichtet. Damit der König seine Hände nicht mit Blut befleckte, wurde Gott als oberster Richter bemüht. Thietmar berichtet über solch ein Gottesgericht:

*„Graf Gero (Graf Gero von Alsleben, Neffe des Markgrafen der Ostmark Gero – R. A.) wurde von Waldo beim Kaiser (Otto II. – R. A.) verklagt und in der Wüstung Sömmering auf Betreiben des Erzbischofs Adalbert (von Magdeburg – R. A.) und des Markgrafen Dietrich (von der Nordmark – R. A.) verhaftet und dann meinem Vater und meinem Onkel zur Bewachung übergeben. Wenig später wurden alle Fürsten nach Magdeburg gerufen, und die beiden stellten sich dem Zweikampf auf einer Insel (979). Dies war das Gottesgericht. Waldo wurde bei diesem Zweikampf zweimal im Nacken verwundet. Er kämpfte dann aber noch mutiger und streckte den Gegner durch einen gewaltigen Schlag auf den Kopf nieder. Gero wurde dann gefragt, ob er noch weiterkämpfen könne. Er musste aber zugeben, dass ihm dazu die Kräfte fehlten. Waldo verließ daraufhin den Kampfplatz. Er legte die Waffen ab und erfrischte sich etwas mit Wasser, doch plötzlich sank er rücklings tot in sich zusammen. Am 11. August wurde Gero nach dem Schiedsspruch der Richter und auf Befehl des Kaisers von einem Scharfrichter enthauptet. Dieser Zweikampf gefiel niemandem außer Erzbischof Adalbert und Markgraf Dietrich. Otto, der Herzog von Bayern, ein Sohn Liudolfs, der an diesem Tag ankam, machte dem Kaiser ebenso Vorwürfe wie Graf Berthold. Man warf ihm vor, einen solchen Mann wegen einer so unbedeutenden Angelegenheit verurteilt zu haben …“*

Bei diesem Fall, über dessen Hintergründe Thietmar schweigt, ging es wahrscheinlich um Land- und Zehntstreitigkeiten zwischen dem Magdeburger Erzbischof Adalbert und dem Grafen des Nordthüringgaus Gero. Normalerweise wurde solch ein Streit mit dem Vergleich echter oder gefälschter Urkunden entschieden. Graf Gero muss wohl formal im Recht gewesen sein, sonst hätte der Erzbischof Adalbert nicht zum Mittel der Verleumdung durch seinen Vasallen Waldo greifen müssen. Dass die Hinrichtung Geros außer beim Erzbischof und dem von ihm abhängigen Markgrafen Dietrich beim übrigen Adel Unwillen erregte, hat aber nicht nur damit zu tun, dass es eine relativ unbedeutende Angelegenheit war. Später wurde Gero fast wie ein Heiliger verehrt, und das zeigt, dass der König das Gottesurteil falsch ausgelegt hatte. Geros Unschuld wurde durch das Urteil bewiesen, denn er hatte, wenn auch verwundet, überlebt, während sein Verleumder Waldo tot umgefallen war.

Für einen vor Gericht ausgetragenen Zweikampf konnten Adlige auch Lohnkämpfer dingen. Bauern dagegen durften das nicht, wie es beispielsweise das Wormser Hofrecht besagt. Damit war bei einem Streit zwischen einem Bauern und einem Adligen das Urteil bereits vorher gesprochen, denn diese Lohnkämpfer waren kräftige und geübte Soldaten.

Neben den Zweikämpfen gab es noch zwei andere Arten von Gottesurteilen. Es waren die Feuer- und die Wasserprobe. Bei der Feuerprobe hatte der Angeklagte ein glühendes Eisen in die Hand zu nehmen. Danach wurde die Hand mit Öl bestrichen und verbunden. Sah man nach drei Tagen keine Brandblasen mehr, war die Unschuld erwiesen. Bei der Wasserprobe wurde der Beschuldigte gefesselt ins Wasser geworfen. Wer nicht unterging, war schuldig und wurde geköpft. Wer aber unterging, war unschuldig, was ihm dann allerdings wenig nützte. In beiden Fällen war also die Wasserprobe bereits das Todesurteil.

Eine andere Art, ein Urteil zu finden, war das Schwören auf Reliquien. Im Falle eines Meineides, so nahm man an, hätte der Heilige, von dem die Reliquien stammten, den Meineidigen sofort tot umfallen lassen, was angeblich einige Male passiert sein soll.

Bei all den schriftlich überlieferten Rechtshändeln und Gerichtsmorden ging es ausschließlich um den Adel, um die Verteilung von Besitz und Macht. Bei den Lehnbauern und Hörigen dagegen ist von Todesstrafen keine Rede. Es wäre für ihre adligen Herren auch wenig von Nutzen gewesen, hätten sie ihre Ernährer umgebracht. Zur Abschreckung und Strafe wurden ihnen gegenüber andere Mittel eingesetzt. Aus der Lebensbeschreibung des Paderborner Bischofs Meinwerk sind einige solcher Episoden überliefert:

*„Irgendwann kam Meinwerk zu seinem Hof Barkhausen. Weil er die Treue und Hochachtung der Dienstleute gegenüber dem Verwalter erproben wollte, befahl er seinen Wegbegleitern, über das Getreide, das auf dem Gut gedroschen wurde, die Pferde vorwärtszutreiben. Er meinte, die Knechte würden, wenn sie treu wären, die Pferde abhalten, wenn nicht, würden sie, gleichsam jubelnd über den Schaden des Verwalters, die Tiere gewähren lassen. Als die Knechte gleichwie zur Bedienung des Bischofs auseinanderliefen, begannen die Pferde das Getreide, das gedroschen werden sollte, zu fressen und zu zertreten. Daher wurden die Knechte sehr des Vergehens der Untreue und Nachlässigkeit beschuldigt und auf des Bischofs Geheiß äußerst heftig mit Ruten gepeitscht. Bald darauf kräftigte er sie wieder sehr reichlich durch Mengen von Speisen und ermahnte sie väterlich im Hinblick auf die Treue, die sie seinem Meier zu erweisen hätten …"*

*„Meinwerk kam auch nach Nieheim und entdeckte einen mit Brennnessel, Senfkohl und anderen Unkräutern bedeckten Garten, ausgenommen einen kleinen Zwischenraum in der Mitte. Sofort ließ er der Meiersfrau ihre eitlen Kleider ausziehen und gab Weisung, sie so lange durch den ganzen Garten zu schleifen, bis das hochgeschossene Unkraut dem Erdboden gleichgemacht sei. Die niedergeschlagene Frau tröstete er mit gewohnten Artigkeiten und heiterte sie mit üblicher Leutseligkeit auf …"*

## *Die Religion*

Liest man die ottonischen Quellen, dann entsteht der Eindruck, dass das gesamte Leben der damaligen Menschen tief durchdrungen war vom christlich katholischen Glauben. Dieser Eindruck ist natürlich falsch. Das liegt aber daran, dass die Autoren der

Urkunden, Chroniken und Lebensbeschreibungen ohne Ausnahme Kirchenleute waren, es waren Nonnen, Mönche, Priester und Bischöfe. Die Bauern hatten das Christentum nur äußerlich angenommen. Ihr Leben wurde noch von der alten Naturreligion, ihren alten Göttern, bestimmt, wie Thietmar berichtet:

„... *Ich habe auch von einem Stab gehört, an dessen Spitze sich eine Hand befand, die wiederum einen eisernen Ring hielt. Dieser Stab wurde, wie ich hörte, vom Hirten des Dorfes, in dem er sich gerade befand, von Haus zu Haus getragen und vom Träger beim Eintreten mit folgenden Worten begrüßt: ‚Wache, Hennil, wache!' Dies war die Sprache der Bauern. Dann nahmen sie ein üppiges Mahl ein und bildeten sich ein, durch den Schutz dieses Hennil sicher zu sein. Oh, diese dummen Leute! Ihnen war unbekannt, was David sagte: ‚Das sind Götzen, von Menschenhand gefertigt ...'*"

Der Glaube an sich, ob an Naturgewalten und heidnische Götter oder den Christengott und seine Heiligen, spielte im Mittelalter eine außerordentliche Rolle. Er bestimmte das gesamte Leben der Menschen. Die naturwissenschaftlichen Kenntnisse beschränkten sich auf einfache praktische Erfahrungen des Alltags. Aber Sonne, Mond, Sterne, Wind, Donner, Blitz und Hagel, Überschwemmungen, Seuchen, Dürre, die wechselnden Jahreszeiten – all das war den Menschen nicht geheuer. Sie verstanden es nicht. Und sie hatten keinen Einfluss darauf, sie waren diesen Dingen hilflos ausgeliefert.

Seit Urzeiten hatten die Bauern alle Erscheinungen in der Natur mit gottgleichen Wesen verbunden. Das galt selbst für große Bäume, ungewöhnliche Steine, Berge, Quellen und Flüsse. Zu diesen Naturerscheinungen und den Wesen, die dahintersteckten, traten die Bauern in eine Art Tauschverhältnis – so, wie sie es in ihrem Leben gewohnt waren. Sie empfingen etwas und mussten dafür auch etwas geben, etwas opfern. Daher das spätere Wort dafür, „Religion" vom lateinischen religare, was etwa „rückbinden, sich in Beziehung setzen" bedeutet.

In der christlichen Religion gibt es nur einen Gott in der Gestalt der Dreifaltigkeit als Vater, Sohn und Heiliger Geist. Gott ist nicht nur der Schöpfer, sondern auch der Bewahrer des Himmels und der Erde. Nach damaligem Verständnis schaute er vom Himmel herab auf die Erde und beobachtete alles. Wenn es ihm zu bunt wurde, griff er selbst ein. Schönes Wetter, gute Ernten und militärische Siege waren seine Geschenke für die Frommen. Unwetter aber, Missernten, Seuchen und Niederlagen waren seine Strafen für die Sünder.

Im Rechtsstreit bestimmte er durch das „Gottesurteil“, was wahr und falsch ist. Und wie der König auf Erden seine Herzöge, Grafen, Bischöfe und Äbte als Helfer und Berater nutzte, so hatte Gott im Himmel die Heiligen. Ihre Seelen weilten im Himmel zu seiner Rechten, ihre zurückgelassenen Leichenteile aber wurden in Gold und Edelsteine gefasst und als Reliquien verehrt. Auch die Heiligen griffen bisweilen direkt in das irdische Geschehen ein. Dies geschah besonders dann, wenn ihnen geweihte Kirchen oder Klöster zerstört wurden oder man auf ihre Reliquien einen Meineid schwor. Die folgende Episode zeigt aber auch, dass die Heiligen parteiisch waren und Unrecht Recht werden ließen. Der Bischof Meinwerk von Paderborn, einer der raffgierigsten Männer seiner Zeit, hatte seiner Mutter widerrechtlich Güter weggenommen. Sie wehrte sich und wollte die Rechtmäßigkeit ihres Besitzes von ihren Leuten beeiden lassen:

*„Als die Männer zum Nachweis ihrer Gerechtigkeit Reliquien von Heiligen verlangten, verweigerte er (Bischof Meinwerk – R. A.) das nicht. Auf der Stelle wurden von der nahen Kirche Rhenen, die zu Ehren der heiligen Cunera errichtet war, Reliquien herbeigeschafft, auf denen zu schwören sie gewohnt waren. Doch der Bischof verwarf diese und ließ sie über den Reliquien der heiligen Apostel Petrus und Paulus sowie des heiligen Blasius schwören, die man aus seinen Laden hergebracht hatte. In der Absicht, die verwegenen Wünsche ihrer Herrin zu rechtfertigen, traten sieben Männer an die*

*Reliquien heran. Die Hände zum Schwur anlegend, wurden sie alsbald von einem Schlag aus dem Himmel getroffen: Vier von ihnen verloren das Augenlicht, den drei anderen erstarrten die erhobenen Hände, und alle Tage ihres Lebens blieben sie durch diesen Schlag gestraft."*

Die Kinder des Adels wurden in den Kloster- und Domschulen erzogen. Dort bekamen sie vor allem Grundkenntnisse der Bibel. Ihr Verhältnis zu Gott war, ähnlich dem der Bauern zu ihren Naturgottheiten, eine Art Tauschgeschäft. Sie ließen keine Sünde aus, übertraten ständig jedes der zehn Gebote. Im Gegenzug stifteten sie Kirchen und Klöster, deren Vogt sie wurden, ließen Messen für ihr Seelenheil lesen und gaben denen Almosen, die sie vorher zu Bettlern gemacht hatten. Ihre Religiosität war im Grunde ein verlogener Kuhhandel. Da aber alles unter Gottes Augen geschah und er sie nicht sofort dafür bestrafte, fühlten sie sich im Recht. Die Bauern dagegen kümmerten sich weniger um ihr Seelenheil, wie Thietmar bedauernd feststellen musste:

*„In meiner Nachbarschaft, in Sülfeld, ereignete sich in der zweiten Dezemberwoche ein Wunder. Dort lebte eine Frau, die sich zusammen mit ihren Kindern im Hause eingeschlossen hatte, da ihr Mann nicht zu Hause war. Doch sie hörte plötzlich, noch vor dem ersten Hahnenschrei, einen ungeheuren Lärm. Im Schreck rief sie sofort nach den Nachbarn und erzählte ihnen von ihrer Not. Diese brachen die Türen auf, drangen mit gezücktem Schwert in die Räume ein und versuchten herauszubekommen, was gegen die Hausfrau und gegen sie selbst so heftig angegangen war. Da es sich dabei aber um ein Gespenst handelte, konnten sie es nicht aufspüren und kehrten betrübt nach Hause zurück … Es braucht übrigens gar nicht zu verwundern, wenn in diesen Gegenden solche schlimmen Zeichen auftreten. Die Bewohner gehen nämlich dort recht selten zur Kirche und kümmern sich auch sonst nicht um ihr Seelenheil. Sie verehren eigene Hausgötter und bringen diesen Opfer dar, da sie sich von ihnen Hilfe versprechen …"*

Schon der fränkische Adel hatte sich bemüht, die einheimischen Bauern zum Christentum zu bekehren. Die Kirche versuchte, ihre Riten, Feste und Glaubensinhalte mit der heidnischen Religion der Bauern zu verbinden. Nicht immer wurden dabei Donareichen gefällt, und nicht alles Heidnische war Teufelswerk. Viel nützlicher hatte es sich erwiesen, die Orte und Daten der Naturreligion beizubehalten und mit christlichen Inhalten zu füllen. So wurden Kirchen oft an Stellen errichtet, an denen vorher heidnische Heiligtümer standen. Die Namen dieser Kirchen, die Patrozinien, geben oft einen Hinweis auf die früher verehrten heidnischen Götter. Peters- und Michaelskirchen weisen auf Wodan/Odin und Marienkirchen auf Freya. Der kleinste Kirchenbezirk, der Sedes (Sitz, Wohnsitz), hatte meist eine Petrikirche. Auch die größeren Kirchenbezirke, die Archidiakonate, wurden an wichtigen Orten der Heidenreligion errichtet, so auf dem Erfurter Petersberg, am Moorheiligtum Dorla und in Jechaburg unterhalb des Frauenberges. Die christlichen Heiligen übernahmen die Aufgaben der verschiedenen heidnischen Götter und waren verantwortlich für die unterschiedlichsten Lebensbereiche. Vor allem aber wurden die Einschnitte im Jahreskreislauf, die einst mit heidnischen Festen verbunden waren, mit biblischen Ereignissen überlagert. Die drei wichtigsten Ereignisse im Leben der Bauern waren die Wintersonnen- oder Jahreswende, der Beginn des Frühlings und die Ernte der ersten Früchte. Sie wurden mit den wichtigsten Stationen der biblischen Geschichte belegt: der Geburt Jesu (Weihnachten), seiner Auferstehung (Ostern) und der Ankunft des Heiligen Geistes (Pfingsten). Alle drei Feste wurden jedoch von den Bauern sowohl christlich als auch heidnisch begangen. Sehr deutlich wird dieser Kampf zwischen dem Christentum und der uralten Naturreligion der Bauern bei dem folgenden Ereignis aus jener Zeit:

Im 11. Jahrhundert tauchten etwa gleichzeitig im Rheinland, in England, Skandinavien und Frankreich seltsame Schriftstücke auf. Die unterschiedlichen Fassungen beschrieben ein und denselben Vorfall, das sogenannte Tanzwunder von Kölbigk. Junge Leute aus dem Dorf Kölbigk in der Nähe von Bernburg an der Saale hatten am Heiligabend vor der dortigen Kirche heidnische Tänze aufgeführt. Zur Strafe wurden sie außer Landes gewiesen und zogen nun bettelnd durch halb Europa. Mit sich führten sie Briefe, in denen stand, dass sie durch ein Wunder für ihren Frevel bestraft worden seien, indem sie ein Jahr lang weitertanzen mussten. Als Folge davon hätten sie nun an ständigem Gliederzucken zu leiden. Volkskundler und Sprachwissenschaftler haben versucht, aus den verschiedenen Überlieferungen dieser Briefe ein Original zu rekonstruieren. Es lautet etwa so:

*„Allen Gottgläubigen und Wunderverehrern wünscht das gesamte Volk Sachsens, das in der allerletzten Zeit so viele unerhörte Wunder erfahren hat und aus dem der vornehmste Mann herstammt, Heil in diesem Leben ... Ich, der unwürdige Sünder Arnold, Bischof von Halberstadt (996 – 1023 – R. A.), schreibe dies, damit jeder erkenne, aus welchem Grunde diese mit gern verheimlichter Sünde und Gliederzucken herumziehen müssen. Und damit man uns in das Gebet mit einschließe, lege ich den Lesewilligen der Reihe nach dar:*

*Es befanden sich im Jahre der Fleischwerdung des Herrn 1018 Männer und Frauen in einem Ort, der Colebeke genannt wird, woselbst die Reliquien des Märtyrers Magnus in der Kirche aufbewahrt werden. Die waren in der Geburtsnacht des Herrn auf dem Vorhof der Kirche nach der Christmette schändlichen Spielen mit Interesse hingegeben. Auf dem Friedhof aber vollführten Tänze diese XVII, deren Namen sind:*

*Hereman, Gerlof, Gerlahc, Ruthart, genannt Martin, Lambreth, Heinrich, Arnolt, Aluured, genannt Johan, Hezzel, Alret, Wunekin, Bio, Wilhelm, Vocco, Adelolt, Walthelm, Godrun, genannt Ana, die die einzige Frau unter ihnen war.*

*Sie alle erwiesen der hochheiligen Geburt des Herrn nicht die gebührende Ehre. In der lichtbringenden Nacht, in der das wahre Licht der Zeiten aufgegangen ist, sind nämlich zwölf (!) verschworene Gesellen an den oben genannten Ort Colebeke gekommen, der auch Haragon (!) genannt ward, hin zu der Kirche, geweiht dem heiligen Märtyrer Magnus und seiner Schwester St. Buccestra. Ihr Anführer hieß mit Namen Gerlof; so sind die zwölf damals im Tanz benannt worden:*

*Theoderic, Meinolf, Odbert, Bouo, Gerard, Wetzelo, Azelin, Folpold, Hildebrand, Aluuard, Benno, Odric. Der ganze Grund ihrer (jährlichen) Zusammenkunft war, dass sie für einen aus ihrer Schar ein Mädchen raubten, die Tochter des Pfarrers namens Rodbert, Godrun, genannt Ana; der Tochter aber waren im Tanz die Namen Mersuind und Wib-Ecyna zu eigen.*

*Sie schickten zwei Brüder aus ihrer Schar wie zwei Schwestern, die als Ähnliche die Ähnliche von der Kirche hin zu ihrem Tanz locken sollten. Was wäre leichter als dieser Vogelfang gewesen? Da wird das Mädchen wie ein gefangenes Vögelchen herangeführt, und es empfängt die Ankommenden Wunekin, genannt Bouo, an Alter wie an Torheit der Erste. Er führte sie, mit dem Schwert umgürtet, mit Sporen an den Füßen, wie er dahingeritten war. Und sie fassen sich an den Händen und ordnen sich zum Tanz im Vorhof der Kirche. Der Anführer geht voran, er wirft den Stab, den er in der Hand trägt und an dem seine Handschuhe befestigt sind, hoch und fängt ihn wieder auf; es beginnt der Anführer anspielend das fatale carmen, nämlich Gerlof:*

*‚Red imo Bovo*
*thuru wald gronen,*
*hem imo forde*
*Mereswith thie sconen.*
*Wad wi stad wi?*
*Wi ne gad wi?‘*

*Nachdem die nächtlichen heiligen Handlungen ausgeführt waren, hatte der Priester bereits mit der ersten Messe begonnen, während sie mit ihrem Lied tobten, als könnten sie durch ihren Tanz die Diener Gottes überwinden. Allein der Priester, zur Messe angetan, trat zur Kirchentür heraus und lud sie zur Teilnahme am Gottesdienst ein. Diese achteten seiner nicht. Nachdem er ein zweites und drittes Mal dasselbe wiederholt hatte, antworteten sie, sie wollten wegen der Messe auf keinen Fall aufhören, solange nicht ihr jährliches Lied zu Ende sei. Zornbewegt sprach da der Priester: ‚Möge Gott um der Verdienste des heiligen Märtyrers Magnus willen wirken, dass ihr ein ganzes Jahr nicht von der Stelle weicht, auf der ihr tanzend geht, und nichts sagt, als was ihr gerade auf der Zunge habt.' Die niemals den Geboten Gottes gehorchen wollten, erwirkten sich so die Strafe durch Gottes Zuchtrute.*

*Aber es schickte der Priester seinen Sohn Azo, genannt Johannes, zu seiner Tochter, die mit den anderen tanzte, um die Geraubte zur Kirche zurückzuführen. Und auch der Priester selbst trat nach diesen Worten herzu. Aber er fand sie nicht so leicht aus unserer Hand zu lösen. Er ergriff sie am Arm. Der Arm folgte alsbald, aber sie selbst blieb mit dem übrigen Körper dem Reigen untrennbar verbunden. Gleichwohl – was wunderbar zu sagen ist – floss kein Blut. Er schaffte den Arm in die Kirche, damit er nach der Messe begraben werde, aber von einer göttlichen Macht getrieben kam er wieder mit größter Geschwindigkeit in die Mitte des Tanzkreises und fing dort an, sich wie ein Aal zu winden. Nach der Messe ergriffen sie den Arm wieder und beerdigten ihn, aber am dritten Tag fand der Pfarrer ihn um nichts weniger unbeerdigt, und weitere Versuche fürchtend, warf er ihn in der Mitte der Tanzenden nieder zwischen alten Bildwerken, die da waren. Sie aber hörten keinen Augenblick auf, entsprechend den Priesterworten im Kreis zu gehen und dasselbe Lied zu singen. Immer ertönte der Refrain ‚Wat wi stad wi? Wi ne gad wi?', das ganze Jahr über. Jenes ganze Jahr aßen sie weder, noch tranken sie, weder spürten sie Hitze noch Kälte noch nutzten ihre Schuhe und Kleider sich ab. Bis an die Knie, bis an die Hüften in der Erde tanzten sie im Kreise, bis dass zu dem Nabel des Lan-*

*des fromme Väter herbeikamen und Fürbitte leisteten. Die Eltern bauten oft einen Schutzbau über ihnen; was sie tags bauten, wurde nachts zerstört. Nachdem sie das ganze Jahr getanzt hatten, kam wieder die Geburtsnacht des Herrn heran. Zur gleichen Stunde, in der sie gebunden, löste die göttliche Güte sie von der Bindung, durch die Hand mit Hand verbunden war, und versöhnte sie, die alsbald in die Kirche gingen. Daselbst niedergestreckt haben sie nach langem Wachen zwei Nächte und einen Tag lang nicht mehr gesprochen und regungslos dagelegen. Einer von ihnen, Aluured, Johann genannt, und die Priestertochter, als die zwei mit den anderen ausgestreckt dalagen, starben daselbst, von der väterlichen Rute geschlagen. In derselben neunten Stunde hatte ein sehr süßer Duft die Anwesenden erfüllt, wodurch sie keinen Hunger mehr spürten. Die am dritten Tag zu sich kamen, sind aus der Kirche vertrieben worden und die Besessenen von den Eltern nicht ohne Gewalt gebadet und gekleidet worden. Ihre Kleider waren unversehrt. Seither sind sie über den ganzen Erdkreis verstreut worden, damit an ihnen allen Gott ein Exempel erzeige, wie groß die Strafe des Ungehorsams sei.*

*Gegeben im Jahre der Fleischwerdung des Herrn 1019*
*in der Indiktion in der Regierungszeit Heinrichs II.“*

Natürlich hat der Vorgang so nie stattgefunden. In Wirklichkeit hatten nur einige junge Leute am Weihnachtsabend durch ihren Tanz und Gesang die Christmette in Kölbigk gestört. Bis dahin wurden die heidnischen Kulte wahrscheinlich immer im Verborgenen zelebriert. Diesmal aber passierte es in aller Öffentlichkeit. Das war eine Provokation der „Staatsmacht“. Der Priester Rodbert wird diesen Vorfall seinem Halberstädter Bischof gemeldet haben. Der exkommunizierte die Tänzer und wird die Herren der Burschen veranlasst haben, sie außer Landes zu jagen. Seitdem verstärkten diese 17 jungen Leute die große Schar der durchs Land ziehenden Bettler. Einige von ihnen müssen einen schreibkundigen Mönch oder Priester gefunden haben, der aus dem Weihnachtstanz diese Wundergeschichte machte. Das Schriftstück funktionierte, wie die jungen Leute feststellen konnten, ausgezeichnet als Bettelbrief. Man glaubte ihnen nicht nur die ganze Geschichte, sondern hatte, neben dem Mitleid, auch Achtung vor ihnen. Sie waren ja keine gewöhnlichen Bettler. An ihnen hatte Gott selbst durch den heiligen Magnus gewirkt. Später, als sich die Schar der Tänzer in alle Winde zerstreute, haben sich mehrere einen ähnlichen Brief aufsetzen lassen und sind damit durch halb Europa gezogen. So kam es, dass die verschiedenen Varianten dieses Bettelbriefes so weit verstreut auftauchten.

Diese Briefe wurden ausnahmslos in Klosterarchiven gefunden. Das wundert nicht, denn die Klöster waren relativ wohlhabend, und die Mönche und Nonnen fühlten sich zu Barmherzigkeit und zum Almosengeben verpflichtet. Außerdem konnten viele von ihnen lesen und schreiben. Die Tänzer müssen den Brief also an der Klosterpforte abgegeben haben, sie wurden verköstigt, beherbergt oder, wenn sie wollten, in das Kloster aufgenommen. Der Mönch Lampert von Hersfeld berichtet das sogar von einem der Tänzer:

*„Im Jahre 1038 kam zu uns einer von denen, die in Kölbigk diesen seltsamen Reigen aufgeführt hatten und der seit 23 Jahren zitterte. Er hieß Ruthart, wurde hier geheilt und trat ins Kloster ein.“*

Dass Ruthart *„seit 23 Jahren zitterte“*, wie Lampert schrieb, kann nicht stimmen. Demnach hätte der Tanz nämlich im Jahre 1015 stattgefunden. Zu dieser Zeit aber lebte Thietmar von Merseburg noch. Er hätte ganz sicher von diesem Tanz berichtet, zumal er ganz in seiner Nähe stattgefunden hatte. Er aber würde wahrscheinlich kaum an dieses Wunder des einjährigen Tanzes geglaubt haben, dazu war er trotz all seiner Wundergläubigkeit zu sehr Realist. Thietmar starb im Dezember 1018, und bis dahin reicht auch seine Chronik. Das Kölbigker Ereignis muss, wie im Brief angegeben, Weihnachten 1018, also kurz nach Thietmars Tod, stattgefunden haben.

Kölbigk liegt östlich von Bernburg. Heute besteht dieses kleine Dorf aus einigen wenigen Einfamilienhäusern und den verfallenen Resten eines Gutshofes. Nichts weist mehr auf die einstige Bedeutung dieses Ortes hin. Zur Zeit des beschriebenen Tanzes aber muss das anders gewesen sein. Der Text selbst deutet es an:

*„... an den oben genannten Ort Colebeke gekommen, der auch Haragon genannt ward, ...“* Und weiter heißt es:

*„... warf er ihn (den Arm – R. A.) in der Mitte der Tanzenden nieder zwischen alten Bildwerken, die da waren.“*

„Haragon“ ist ein indogermanisches Wort, es kommt noch im Altgriechischen vor und heißt Opferstätte, Heiligtum. Zur Zeit des Tanzes war der Begriff schon nicht mehr bekannt, wohl aber die Bedeutung dieses Ortes. Und bei den „alten Bildwerken“ wird es sich um uralte Kultsteine gehandelt haben. Aus Mitteldeutschland sind mehrere solche Kultsteine bekannt, auf denen Radkreuze, Sonnenscheiben, Spiralen und Sonnenbarken abgebildet sind und die auf einen frühzeitlichen Sonnenkult hinweisen. Dass der Tanz zu Weihnachten, zur Wintersonnenwende, an jenem Ort stattfand, findet so eine plausible Erklärung. Auch der Ortsname Kölbigk könnte mit diesem Heiligtum zusammenhängen. 1036 heißt er Cholebize, 1166 Colebike. Der Wortstamm „kolo“ kommt vom indogermanischen „*col“ und bedeutet Stange, Pfahl, Säule. Er hat sich im lateinischen „columna“ (Säule) erhalten. Heiligtümer, Opferbezirke und Thingplätze wurden durch Pfähle begrenzt. Kölbigk, das früher von zwei Armen der Wipper umflossen wurde, bedeutet ein „durch Pfähle begrenzter Ort am Fluss“. An diesem Ort hatte wahrscheinlich seit Urzeiten eines der wichtigsten Feste im Jahr, die Wintersonnenwende, die Feier der zwölf Heiligen Nächte, stattgefunden. Zur Feststellung der Sonnenwenden dienten Pfähle oder Steine zum Visieren, eben jene „alten Bildwerke", von denen die Rede ist.

Eigenartig ist das Magnus-Patrozinium der Kölbigker Dorfkirche. Der heilige Magnus erscheint sonst nirgends in Mitteldeutschland als Kirchenpatron. Nur einmal findet sein Name Erwähnung bei Thietmar und zwar im Zusammenhang mit dem Tod des Bischofs Eid von Meißen. Nachdem Thietmar den vorbildlichen Lebenswandel seines Amtsbruders Eid beschrieben hat, fährt er fort:

*„Am 20. Dezember (1015) gab er (Bischof Eid – R. A.) in Leipzig seine Seele an Gott zurück. ... Er prophezeite sein Ende und sprach wiederholt die Bitte aus, nie in Meißen begraben zu werden. Inständig wünschte er ja ein Grab in Colditz, wo der Märtyrer Magnus ruhte, da er immer in der Furcht vor einer Zerstörung Meißens lebte."*

Diese Bitte wurde dem Bischof Eid allerdings nicht erfüllt, er wurde in Meißen beerdigt. Wäre er in Colditz begraben worden, hätte ihm das wenig genützt. Colditz (1046 Cholidistcha) lag mitten im Slawengau und war nicht weniger gefährdet als Meißen. Eine Magnuskirche gibt es dort nicht. Die älteste Kirche, die romanische Friedhofskapelle, ist dem heiligen Nikolaus geweiht, die Stadtkirche heißt St. Egidius. „Colditz" muss also ein Schreibfehler sein. Im Original der Thietmarschen Chronik heißt es „ad locum Col(i)dic(i)". Die beiden in Klammern gesetzten i sind im Original ausradiert. Erst die Abschreiber haben aus „Coldic" (wahrscheinlich verschrieben aus Colbic) Colidici gemacht. Bischof Eid wird sich demnach gewünscht haben, in seinem Besitz in Colbic/Kölbigk bestattet zu werden, wo die einzige Kirche des heiligen Magnus stand. Allerdings war der heilige Magnus kein Märtyrer, wie Thietmar schreibt. Magnus, auch Maginold genannt, lebte in Süddeutschland. Er war ein Gefährte des heiligen Gallus und kam aus Irland. Der irische Name seiner Schwester Buccestra, die im Bettelbrief erwähnt wird, legt das nahe. Als Mönch in St. Gallen zog Maginold in die Gegend am Lech und gründete in Füssen ein Kloster, das von König Pippin dem Jüngeren mit Gütern ausgestattet wurde.

Bischof Eid stammte wahrscheinlich aus einem süddeutschen Adelsgeschlecht. Er muss Kölbigk von Heinrich II. als Lehen empfangen haben, denn es fiel nach dem Tod des Bischofs an den König zurück. So konnte Heinrich III. im Jahre 1043 den Ort seiner Gemahlin schenken. Inzwischen war aus dem unscheinbaren Dorf aber ein viel besuchter Wallfahrtsort geworden. Der Klerus hatte das Wunder genutzt und in Kölbigk ein Kloster St. Magnus gegründet. 1036 bekam der Ort das Marktrecht, seine Blütezeit dauerte bis ins 12. Jahrhundert. Danach verfiel das Kloster. Die Kirche wird im Jahre 1515 als baufällig bezeichnet. Nach dem Bauernkrieg wurde aus dem Kloster eine herzogliche Domäne mit Schäferei, Mühle und Branntweinbrennerei.

Weitaus unklarer als die Geschichte des Ortes Kölbigk sind der Vorgang des Tanzes und das dabei gesungene Lied. Zunächst zur Anzahl der Tänzer. In dem Bericht werden am Anfang siebzehn Teilnehmer erwähnt, dann aber nur zwölf Tänzer. Die anderen fünf waren wahrscheinlich die Musikanten, Trommler und Bläser. Getanzt haben nur zwölf, diese Zahl entspricht den zwölf Heiligen Nächten. Zugrunde liegen die zwölf kommenden Monate. Im Jahre 813 waren auf der Mainzer Synode die zwölf Tage der heidnischen Sonnenwendfeier als christliche Weihnachtszeit übernommen worden. Seitdem beginnt Weihnachten am 24. Dezember mit der Geburt Jesu und endet am 6. Januar mit dem Fest der Heiligen Drei Könige. Am Ende der Weihnachtszeit, dem 6. Januar, geht in katholischen Gegenden der Priester durch die Häuser, segnet die Eingänge und schreibt mit Kreide über die Türen die jeweilige Jahreszahl und die drei Buchstaben CMB. Sie bedeuten „Christus mansionem benedicat", Christus segne dieses Haus. Diese Häusersegnung ist, wie man aus der

Episode mit dem Gott Hennil erfährt, eine ursprünglich heidnische Sitte.

Die Wintersonnenwende wurde nicht nur in Mitteldeutschland festlich begangen. Im alten Russland beispielsweise war keine andere Zeit so reich an Bräuchen und Riten, wie die „Swjatki“, die zwölf Tage der „Heiligen Feiern“ vom 24. Dezember bis zum 6. Januar. Wahrsagerei, Maskenfeste und Tänze waren so weit verbreitet, dass die Zarenregierung es ausdrücklich verbot, die Swjatki in „ketzerischer Manier“ zu feiern: *„Am Vorabend der Geburt Christi und in Zeiten der Swjatki sind Götzendienste, Spielereien, Verkleidungen und Maskierungen als auch Tänze in den Gassen sowie verführerische Lieder zu unterlassen“*, hieß es in einem Gesetz. Der Brauch, Weihnachten mit Fackeln, Feuer und Tänzen zu begehen, besteht heute noch in einigen Gegenden Galiziens. Reste dieser Weihnachtsbräuche, die mit der Zahl 12 zusammenhängen, haben sich noch in vielen Landstrichen erhalten. So werden beispielsweise in etlichen Dörfern Ostpolens, Litauens und der Westukraine am Heiligabend 12 Gerichte gekocht. Diese Tradition wurde später von den christlichen Priestern umgedeutet und mit der Anzahl der 12 Apostel in Verbindung gebracht.

Bei dem Kölbigker Tanz fällt auf, dass die Namen der siebzehn Teilnehmer (Hereman, Gerlof, Gerlahc, Ruthart, Lambreth, Heinrich, Arnolt, Aluured, Hezzel, Alret, Wunekin, Bio, Wilhelm, Vocco, Adelolt, Walthelm und Godrun) andere sind, als die der Tanzenden. Sie haben sich für den Tanz andere Namen gegeben (Theoderic, Meinolf, Odbert, Bouo, Gerard, Wetzelo, Azelin, Folpold, Hildebrand, Aluuard, Benno und Odric). Warum aber hatte die Pfarrerstochter zwei Namen *(„... der Tochter aber waren im Tanz die Namen Mersuind und Wib-Ecyna zu eigen.“)*?

Das muss einen Sinn gehabt haben, der sich allerdings nicht aus dem überlieferten Fragment des Tanzliedes erschließt:

*„Red imo Bovo thuru wald gronen,*
*hem imo forde Mereswith thie sconen.*
*Wad stad wi? Wi ne gad wi?"*
Das bedeutet sinngemäß:
Bovo reitet durch den Wald, den grünen,
er (ent-?)führt Mereswith, die schöne.
Was steh'n wir? Was geh'n wir nicht?

Volkskundler vermuten in diesem Vers einen Nachklang der frühgeschichtlichen Sitte des Brautraubes. Die Braut soll dabei die Sonne symbolisieren. Bei dem Vers fassen sich die Tanzenden an den Händen und folgen dem Anführer, der einen Stab, an dem oben Handschuhe hängen, in die Luft wirft und wieder auffängt. Das kann man vielleicht zwanzigmal hintereinander machen. Und selbst wenn man die Tonart ändert, Chor und Solist sich abwechseln, die Tänzer sich vorher mit berauschenden Getränken in eine Art Trance versetzten, wird die Sache nach kurzer Zeit langweilig. Es muss also noch mehr stattgefunden haben. Das wird auch durch die Bemerkung *„... schändlichen Spielen mit Interesse hingegeben"* angedeutet. Es muss eine Art Tanz-Spiel stattgefunden haben, wie man es heute noch bei Kinderspielen sieht. Bei diesen Spielen gibt es immer einen Vers, der nach jeder Spielrunde wiederholt wird, beispielsweise: „Wer hat Angst vorm schwarzen Mann? – Niemand. – Und wenn er kommt? – Dann rennen wir!" Jetzt beginnt das eigentliche Spiel, das durch den Vers aber nicht hinreichend erklärt wird. Oder: „Der Plumpsack geht um, dreht euch nicht um! Wer sich umdreht oder lacht, kriegt den Buckel blaugemacht. Eins, zwei, drei ins faule Ei!" Auch hier verrät der Vers nicht, wie das eigentliche Spiel vonstatten geht.

Um solch einen Spielvers muss es sich auch bei dem Kölbigker Tanzlied gehandelt haben. Wie dieses Spiel aussah, ist aus dem Bericht nicht zu rekonstruieren. Der in die Höhe geworfene

Stab, die beiden Namen der Braut, die namentlich genannten zwölf Tänzer, gehen und stehen, an den Händen fassen und im Kreis tanzen – all das müssen Elemente dieses Tanzspiels gewesen sein, das einmal im Jahr zur Wintersonnenwende zelebriert wurde. Das Spiel hatte einen Anfang, indem ein fremdes Mädchen „geraubt" wurde und ein Ende, denn auf die Aufforderung des Priesters *„antworteten sie, sie wollten wegen der Messe auf keinen Fall aufhören, solange nicht ihr jährliches Lied zu Ende sei."*

## Deutsche und Slawen

### *Schwert und Kreuz*

Nach der Eroberung des Thüringer Reiches durch die Franken im Jahre 531 wurden Elbe und Saale zur Ostgrenze des fränkischen Reiches. Das Land jenseits davon wurde in den folgenden Jahrhunderten von Slawen besiedelt. Die anfänglichen Grenzkämpfe beendete im 7. Jahrhundert der fränkische Herzog Radulf durch einen Freundschaftsvertrag. Seitdem lebten Deutsche und Slawen relativ einträchtig nebeneinander. Einige slawische Sippen überschritten die Grenze und zogen gen Westen. Die zahlreichen Wenigen-Orte, Windisch-Gassen, Gräber mit slawischen Beigaben sowie die vielen slawischen Lehnwörter im Deutschen verraten ein gutes Verhältnis zwischen Slawen und Deutschen. Mit der Herrschaft der Ottonen begann die Eroberung des Landes östlich von Elbe und Saale, getarnt als christliche Missionierung.

Heinrich I. verbrachte während seiner siebzehnjährigen Regierungszeit allein sieben Jahre auf Kriegszügen gegen die Slawen. Zu seinen diesbezüglichen Erfolgen zählt man die Eroberung der Brandenburg und der Burg Gana, die Gründung Meißens und die Besetzung Prags. Nachdem die Slawen 929 das Kloster

Walsleben zerstört und alle Bewohner getötet hatten, ließ Heinrich einen Rachefeldzug unternehmen, bei dem in der Schlacht bei Lenzen das gesamte Heer der Redarier, des dort ansässigen Slawenstammes, vernichtet wurde.

Im Jahre 932 zerstörte Heinrich die Hauptburg der Lausitz Liubusua. Diese Anlage, die bisher in der Nähe des Spreewaldes vermutet wurde, befindet sich nach neueren Erkenntnissen direkt an der Elbe nördlich von Meißen oberhalb des Ortes Diesbar-Seußlitz. Nachdem Liubusua 80 Jahre wüst gelegen hatte, wurde es auf Betreiben Heinrichs II. im Jahre 1012 als Besatzungsburg wiederhergestellt. Thietmar von Merseburg nahm am Wiederaufbau teil und berichtet darüber:

*„Dann kehrte er (Heinrich II. – R. A.) wieder in sein geliebtes Merseburg zurück, ließ dort auf fünf Jahre den inneren Reichsfrieden beschwören, um anschließend auf Anraten einiger Berater die Burg Lebusa ausbauen und befestigen zu lassen. Über diese erzählten manche, was sich dann auch bestätigen sollte. Wir kamen gegen Ende Januar (1012) dort an, feierten mit Andacht das Lichtmessfest und brachten den Auftrag in vierzehn Tagen zu Ende. Dann kehrten wir nach Hause zurück, nachdem wir die Burg mit einer Besatzung versehen hatten. Nördlich davon liegt, nur durch ein Tal getrennt, eine weitere Burg, die zwölf Tore besitzt. Als ich diese Burg genau betrachtete, glaubte ich nach Lucan einen römischen Befestigungsbau Caesars zu erkennen. In dieser Burg hätten wohl mehr als 10 000 Menschen Platz gefunden. Die kleinere Burg, die wir restaurierten, war seit König Heinrich I. leer gestanden."*

Dieser *„Befestigungsbau Caesars"* ist die Heinrichsburg/Goldkuppe, eine etwa 18 ha große Wallburg. Südlich von ihr liegt, wie Thietmar schrieb, ein Tal, und auf der sich anschließenden Hochfläche, heute ein Weinberg, befand sich die Burg Liubusua, das Stammeszentrum der Lausitzer.

Otto I. fasste im Jahre 936 alle slawischen Gaue zur „Sächsischen Ostmark" zusammen und ernannte Graf Gero zum Markgrafen. Ihm übertrug er den Kampf gegen die Slawen. Gero wird als rücksichtslos und brutal geschildert. So ließ er beispielsweise in einer Nacht dreißig slawische Fürsten, die er zu einem Gastmahl eingeladen hatte, ermorden. Bis zu seinem Tod 965 gelang es ihm, das gesamte slawisch besiedelte Land zwischen Elbe und Oder zu unterwerfen. Mit welcher Brutalität diese Kämpfe geführt wurden, berichtet Widukind von Corvey in seiner Schilderung der Schlacht gegen die Obodriten im Jahre 955 an der Raxa, der heutigen Recknitz:

*„... Und so führte er (Otto I. – R.A.), alles verheerend und verbrennend, das Heer durch jene Gebiete, bis er endlich am Flusse Raxa, der wegen der Sümpfe sehr schwer zu überschreiten ist, ein Lager aufschlug und hier von den Feinden umringt wurde. In seinem Rücken nämlich wurde der Weg durch ein Verhau von Baumstämmen versperrt und zugleich mit einer Schar Bewaffneter besetzt. Vorn aber waren der Fluss und der an den Fluss angrenzende Sumpf sowie die Slawen mit einem gewaltigen Heer, welches die Krieger sowohl an der Schanzarbeit als auch am Vormarsch hinderte. Aber auch durch andere Beschwerden wurde das Heer gepeinigt, durch Krankheit ebenso wie durch Hunger. Während solches mehrere Tage hindurch währte, wurde Graf Gero zu dem Fürsten der Barbaren namens Stoinef gesandt mit der Aufforderung, sich dem Kaiser zu ergeben: Er werde dadurch seine Freundschaft gewinnen und ihn nicht als Feind kennenlernen ...“*

*„Der Kaiser aber erhob sich vor Tagesanbruch und befahl, den Feind mit Pfeilen und anderen Geschossen zum Kampf herauszufordern und den Schein zu erwecken, als ob man mit Gewalt den Fluss und den Sumpf überqueren wolle. Die Slawen aber, welche nach der Drohung vom vorigen Tag nichts anderes vermuteten, waren gleicherweise zum Kampf bereit und verteidigten den Übergang mit allen Kräften. Gero jedoch zog mit seinen Freunden, den Ruanern, ungefähr eine Meile vom Lager abwärts und errichtete vom Feind unbemerkt in aller Eile drei Brücken; dann sandte er einen*

*Boten an den Kaiser und rief das ganze Heer herbei. Als dies die Barbaren sahen, beeilten sie sich auch selbst, sich den Legionen entgegenzustellen. Während die Fußsoldaten der Barbaren aber einen längeren Weg zurücklegten und erst dann in den Kampf eintraten, wichen sie, vom Lauf ermüdet, recht schnell vor unseren Kriegern zurück, und ohne Zögern wurden sie niedergehauen, als sie Schutz in der Flucht suchten …"*

*„Stoinef aber erwartete auf einem hohen Hügel mit den Reitern den Ausgang der Schlacht; als er aber sah, dass seine Gefährten sich auf die Flucht begaben, floh auch er, und als er, vom Kampf ermüdet und der Waffen entblößt, in einem Hain mit zwei Begleitern von einem Krieger namens Hosed aufgefunden wurde, wurde er von diesem im Kampf überwunden, seiner Wehr beraubt und ihm der Kopf abgeschlagen. Einer der Begleiter wurde lebend gefangen und dem Kaiser nebst dem Kopf und der Rüstung des Häuptlings von ebendiesem Krieger überbracht. Dies trug Hosed Ruhm und Ansehen ein. Der Lohn für diese ruhmvolle Tat bestand darin, dass der Kaiser ihm die Einkünfte von zwanzig Hufen Land schenkte. An diesem Tag wurde das Lager der Feinde besetzt und viele Menschen getötet oder gefangen genommen, und das Morden währte bis in die tiefe Nacht. Am nächsten Morgen wurde das Haupt des Slawenfürsten auf dem Feld ausgestellt und ringsumher siebenhundert Gefangene enthauptet; Stoinefs Ratgeber wurden die Augen ausgestochen und die Zunge ausgerissen. So ließ man ihn mitten unter den Leichnamen hilflos liegen."*

Gero starb im Jahre 965 und wurde in der von ihm gegründeten Stiftskirche St. Cyriakus in Gernrode bestattet. Diese romanische Kirche am Nordrand des Harzes besitzt noch viele Elemente aus damaliger Zeit. Nach dem Tod Geros wurde die sächsische Ostmark in fünf Markgrafschaften aufgeteilt: die Nordmark, die Mark Lausitz, die Mark Meißen, die Mark Zeitz und die Mark Merseburg.

Otto II. überließ diesen fünf Markgrafen den Kampf gegen

die Slawen. Sein Interesse richtete sich mehr auf Italien, besonders auf den von Byzanz beherrschten Süden. Dort erlitt er, wie berichtet, im Sommer 982 eine totale Niederlage. Ein Jahr später hatte sich diese Nachricht bei den slawischen Stämmen herumgesprochen und war für sie Anlass, sich zu erheben. Im Juni 983 zerstörten sie die Bischofsburgen Brandenburg, Havelberg und Hamburg, verwüsteten das Kloster Calbe sowie alle Dörfer in der Altmark bis zur Tanger. Erst als die Slawen die Elbe überquert hatten und Magdeburg bedrohten, fanden sich die Grafen der betroffenen Gebiete zusammen und konnten die Slawen über die Elbe zurückdrängen. Seit jener Zeit aber hatten die Slawen fast 150 Jahre Ruhe vor den Übergriffen der Deutschen. Erst danach begannen wieder planmäßige Feldzüge gegen sie, und deutsche Bauern wurden in den slawischen Gebieten angesiedelt. Im Ergebnis fand eine Verschmelzung der Deutschen und Slawen statt, die zur Christianisierung und zum Untergang des Slawentums bei allen Stämmen nördlich und östlich der Elbe führte. Nur die Lausitzer Sorben, die sich nicht an den Rachefeldzügen beteiligt und sich willig der deutschen Besatzung unterworfen hatten, blieben von dieser Überfremdung verschont und konnten ihre ethnische Besonderheit bis heute bewahren.

## *Eid von Meißen und Brun von Querfurt*

Allmählich fand das Christentum Eingang in den Alltag und die Herzen nicht nur der Deutschen, sondern auch der Slawen. Das wäre schwer zu verstehen, wenn man Religion und Kirche nur auf den gewaltsam eingetriebenen Kirchenzehnt, die strengen geistlichen Gerichte oder solche Kleriker wie den korrupten Magdeburger Erzbischof Giselher oder den raffgierigen und gewalttätigen Bischof Meinwerk von Paderborn reduzierte. Es muss damals auch Missionare und einfache Dorfpriester gegeben haben, die kaum anders als ihre Bauern lebten. Ihre Frömmigkeit und Solidarität wird es den deutschen und slawischen Bauern erleichtert haben, das Christentum anzunehmen. Allerdings wird davon nichts überliefert. Berichtet wird fast ausschließlich von Angehörigen des klerikalen Hochadels. Aber auch unter ihnen gab es andere Beispiele. Von dem einen berichtet Thietmar, es ist der bereits erwähnte Bischof Eid von Meißen:

*„Da ich ja bereits versprochen hatte, von Eids hervorragendem Leben zu berichten, möchte ich hier etwas erzählen. Er war von adeliger Geburt und sehr reich, hielt dies alles aber in seinem einfachen, bescheidenen Lebensstil für unwesentlich. Vor seiner Bischofsweihe lebte er gemäß der Regel vorbildlich mit anderen Brüdern in Magdeburg. Als er dann zum Seelenhirten aufstieg, folgte er in seinem Leben nach ganzen Kräften den Aposteln. Er trug weder Hemd noch Hose, außer wenn er die Messe las. Auch damit setzte er mitunter aus, da er sich für unwürdig hielt. Es war bewundernswert, wie er sich dem rauen Winter stellte. Häufig konnte man ihn im geheizten Raum kaum wieder zum Leben erwecken, was die Seinigen wiederholt verzweifeln ließ. Mit Fasten verlangte er seinem Körper viel ab, und öfter, als es recht war, ging er barfuß. Wenn er auf weiten Reisen merkte, dass die Lebensmittel ausgingen oder sonstige Schwierigkeiten auftraten, dankte er Gott und ließ seine Begleiter Gleiches tun. Durch rastloses Taufen, Predigen und Firmen nützte er nicht nur seiner Kirche, sondern auch sehr vielen Menschen … Uns, die wir seine Altersgenossen waren, missfiel wegen unserer Schandtaten sein Lebenswandel, wie ihm unserer Unbehagen bereitete …“*

Eine andere Ausnahme unter den deutschen Klerikern war ein Adliger aus Mitteldeutschland, Brun von Querfurt. Die Burgherren aus Querfurt gehörten zum Hochadel, die Familie war mit der Königssippe verwandt. Die Querfurter gaben den kleinen Brun in die Magdeburger Domschule. Dort bekam er die damals beste Bildung. Die hochadligen Mitschüler Bruns, unter anderen auch Thietmar von Merseburg, wurden mächtige

Reichsbischöfe, bekriegten sich untereinander und „missionierten“ mit dem Schwert. Brun war anders, er nahm die Bibel ernst. Schon als Klosterschüler empörte er sich darüber, dass der Merseburger Bischof Giselher durch Schmiergelder sich das Erzbistum Magdeburg gekauft und dass Otto II. entgegen allen Kirchensatzungen Bruns Heimatbistum Merseburg aufgelöst hatte. Bruns Kritik sprach sich herum und war für seine Karriere wenig hilfreich. Ottos II. Sohn und Nachfolger, Otto III., verzieh ihm jedoch und nahm ihn in seine Hofkapelle auf. Das war die beste Voraussetzung für ein späteres Bischofsamt. Brun aber zeigte sich auch ihm gegenüber undankbar. Ständig kritisierte er ihn, weil er seine Heimat Sachsen vernachlässigte und sich fast nur in Italien aufhielt. Brun verließ die Hofkapelle und ging ins Kloster. Wenig später ließ er sich zum Missionsbischof weihen, zog nach Ungarn und missionierte bei den „Schwarzen Ungarn“, den Ureinwohnern Siebenbürgens. Da ihn der Ungarnkönig Stephan nicht unterstützte, zog er weiter nach Kiew. Bei den Petschenegen am Dnepr hatte er großen Erfolg, dort taufte er das ganze Volk. Nach seinem Weggang allerdings, so wird berichtet, fielen die Neugetauften wieder in ihren heidnischen Glauben zurück. Danach begab sich Brun zum christlichen Polenherzog Boleslaw Chrobry. Der aber befand sich gerade im Krieg mit dem christlichen deutschen König Heinrich II. Dafür hatte sich Heinrich, wie erwähnt, mit den heidnischen Liutizen verbündet. Brun schrieb ihm deshalb einen bösen Brief. Da dieses Schreiben erhalten ist, muss es damals die Runde gemacht haben. Solch fundamentale Kritik am König glich einer Gotteslästerung. Brun wusste, dass er sich danach in Deutschland nicht mehr blicken lassen konnte. Von Polen brach er dann zu einer weiteren Missionsreise auf. Sie führte ihn zu den heidnischen Pruzzen, einem baltischen Volk auf dem Gebiet des späteren Ostpreußens. Dort, an der Grenze zu Litauen, wurde Brun im Jahre 1009 von den Eingeborenen erschlagen, wie die Quedlinburger Annalen berichten:

*„Der heilige Erzbischof und Mönch Bruno wurde an den Grenzen von Pruscia und Litauen von den Heiden mit 18 seiner Gefährten enthauptet und kam am 9. März im elften Jahre seiner Bekehrung in den Himmel.“*

Die ottonischen Quellen über die Slawen sind zum größten Teil von Unverständnis, christlicher Arroganz und einer tiefen Feindseligkeit durchsetzt. Auch der religiöse Eifer eines Brun ist eigentlich nichts anderes als der Ausdruck seiner christlichen Arroganz. Den heidnischen Völkern des Ostens, die noch in der Finsternis des Unglaubens leben, will er das Licht der wahren Religion bringen. Aber auch wenn die Slawen bereits zwangsgetauft waren, galten sie noch lange nicht als vollwertige Christen, wurden nicht als gleichrangige Menschen angesehen, wie Thietmar meint:

*„Die (polnischen – R. A.) Untertanen Boleslaws müssen wie eine Herde Rinder behandelt und wie störrische Esel gezüchtigt werden. Ohne harte Strafen sind sie nicht so zu bändigen, dass dem Fürsten keine Gefahr von ihnen droht. Wenn sich einer hinreißen lässt, die Ehefrau eines anderen zu missbrauchen oder Hurerei zu betreiben, muss er mit folgenden sofort verhängten Strafen rechnen: Er wird auf die Marktbrücke geführt, wo ihm dann ein Nagel in sein Geschlecht geschlagen wird. Dann legt man ein scharf geschliffenes Messer neben ihn hin und lässt ihm die Wahl zwischen Freitod und Selbstkastration. Wer in der Fastenzeit beim Fleischgenuss erwischt wird, dem werden die Zähne als Strafe gezogen. Die Gebote Gottes, die in diesem Gebiet ja noch nicht so lange bekannt sind, werden durch solche drastischen Maßnahmen eher befolgt als durch ein von Bischöfen angeordnetes Fasten. Natürlich herrschen in diesem Volk auch noch andere, bei weitem schlechtere Sitten, die weder Gott gefallen noch sonst zu etwas gut sind, außer dass sie die Gemüter in Angst versetzen …“*

Die deutsche Überheblichkeit den Slawen gegenüber hielt sich über die Jahrhunderte. Für viele Deutsche, vor allem aus den weiter westlich gelegenen Landesteilen, beginnt noch heute, wie einst zur Ottonenzeit, östlich der Elbe „Sibirien".

## *Ibrahim ibn Jakub*

Der einzige bekannte Zeitzeuge aus der Ottonenzeit, der objektiv über die Slawen berichtete, war der arabische Händler Ibrahim ibn Jakub. Er traf sich mit Otto I. und bereiste anschließend einige slawische Länder. Er beschrieb unter anderem die Mecklenburg und, wie bereits erwähnt, den Markt in Prag. Warum die arabische Welt an den slawischen Stämmen interessiert war, deutet eine Urkunde Ottos I. aus dem Jahre 965 an. Darin schenkt Otto I. dem Moritzkloster in Magdeburg *„zur Beleuchtung und Weihrauchbeschaffung den Zehnt des Silberzinses, welchen die ihm unterworfenen slawischen Völkerschaften, die Ucrani, Riezani, Riedere, Tolensane und Zerezepani (ansässig an der Ucker und Tollense in Pommern und Mecklenburg – R. A.), an den kaiserlichen Fiskus zahlen."*

Woher die Slawen Silber hatten, ist bekannt. Es ist der Erlös aus dem Sklavenhandel. Bei Kriegen der Slawen untereinander und bei Überfällen auf sächsisches Gebiet wurden die erwachsenen Männer getötet, Frauen und Kinder gefangen genommen und auf den zentralen Märkten als Sklaven verkauft. Dorthin kamen auch jüdische Händler aus Spanien, die mit Silber bezahlten. Die deutschen Könige, die diesen Handel mit Sklaven kannten, verlangten deshalb ihren Tribut teilweise in Silberwährung. In dieser Urkunde vermachte Otto I. dem Moritzkloster den zehnten Teil des Tributs, den die fünf Stämme zu entrichten hatten.

Das Original des Reiseberichtes von Ibrahim ibn Jakub ist verschollen, einige Passagen aber liegen in der Bearbeitung des spanischen Geografen al-Bakri (1014 – 1094) vor, der sie in das Kapitel über die Slawen in seinem Werk „Buch der Königreiche und Wege“ einfügte. Da diese interessante Reiseschilderung selten abgedruckt ist, hier einige Auszüge:

*„Der Jude Ibrahim ibn Jakub erzählt: Die Länder der Slawen erstrecken sich von der Syrischen See (Mittelmeer) bis an den nördlichen Ozean (Ostsee). Doch haben sich Volksstämme aus dem Norden eines Teiles dieser Lande bemächtigt und wohnen bis auf den heutigen Tag zwischen jenen. Die Slawen bestehen aus vielen verschiedenen Stämmen. In früherer Zeit waren sie alle unter einem König vereinigt, der den Titel Macha führte und zu einem Geschlecht gehörte, welches Welinbaba hieß und in hohem Ansehen unter ihnen stand. Dann trat Zwiespalt unter ihnen ein, und ihre Organisation ging zugrunde; ihre Stämme bildeten Parteien, und in jedem ihrer Stämme übernahm ein eigener König die Herrschaft. Gegenwärtig (es wird die Zeit um 966 beschrieben – R. A.) haben sie vier Könige: den König der Bulgaren; Buislaw (Boleslav), den König von Fraga (Prag), Bowima (Böhmen) und Krakau; Mescheqqo (Mieszko), den König des Nordens, und Naqun (Nakon), den König im westlichsten Teil der Slawenländer (d. h. bei den Obodriten – R. A.).*

*Das Land des Naqun grenzt im Westen an Sakun (Sachsen) und teilweise an das Land der Mermanen (das heutige Dänemark). Die Kornpreise sind dort niedrig, und das Land ist reich an Pferden, sodass diese von dort ausgeführt werden. Die Bewohner sind gut bewaffnet mit Panzern, Helmen und Schwertern.*

*Von der Burg bis zur Grenze sind es 10 Meilen (ca. 16 km), bis zur Brücke 50 Meilen (ca. 80 km) – es handelt sich um eine hölzerne Brücke, deren Länge eine Meile (ca. 1,6 km) beträgt – und von der Brücke bis zur Burg des Naqun (gemeint ist offenbar die Mecklenburg bei Wismar, die die Hauptresidenz der Obodriten war – R. A.) sind es ungefähr 40 Meilen (ca. 64 km). Diese Burg heißt Grad. Südlich von Grad befindet sich eine Burg, die in einem Süßwassersee erbaut ist – so, wie die Slawen die meisten ihrer Burgen bauen: Sie suchen ein Weideland, welches reich an Wasser und dichtem Buschwerk ist, und stecken dort einen runden oder vier-*

*eckigen Platz ab, je nach der Form und dem Umfang, welche sie der Burg geben wollen. Dann ziehen sie darum einen Graben und häufen die ausgehobene Erde (in Gestalt eines Walles) auf. Diese Erde wird mit Brettern und Balken nach Art der Bastionen festgestampft. All das wird so lange gemacht, bis der Wall die entsprechende Höhe erreicht hat. Ferner bestimmt man die Stelle, an welcher man das Tor zur Burg einrichten will. In die Burg hinein und aus der Burg heraus geht man über eine hölzerne Brücke. Von der Burg Grad bis an den Ozean (Ostsee) beträgt die Entfernung 11 Meilen (ca. 18 km). Die Kriegsheere dringen in das Gebiet Naquns nur mit großer Mühe vor, da das gesamte Land aus Wiesen, Dickicht und Morast besteht.*

*Was das Land des Buislaw anlangt, so erstreckt es sich in seiner Länge von der Stadt Prag bis zur Stadt Krakau, was eine Wegstrecke von drei Wochen bedeutet, und es grenzt der Länge nach an das Land der Türken (gemeint sind hier die Ungarn – R. A.).*

*... Seltsam ist, dass die Bewohner Böhmens braun und dunkelhaarig sind; der blonde Typus ist bei ihnen wenig vertreten.*

*Die Strecke von Madifurg (Magdeburg) nach dem Lande des Buislaw und von da zur Feste Kalbe (Calbe/Saale) beträgt 10 Meilen, und von da sind es 2 Meilen nach Nub Grad (Nienburg). Diese Feste ist aus Steinen und Mörtel gebaut, sie liegt ebenfalls am Fluss Salawa (Saale), und in ihn mündet der Fluss Bode. Von der Feste Nienburg bis zum Salzwerk der Juden (Halle) – es liegt ebenfalls an der Saale – sind es 30 Meilen. Von da nach der Feste Burdschin (Wurzen) – sie liegt am Fluss Muldawa (Mulde) – und von dort bis hin zum Rande des Waldes sind es 25 Meilen. Dieser Wald misst von seinem Anfang bis zu seinem Ende 40 Meilen und bedeckt unwegsame Gebirge. Dort gibt es eine hölzerne Brücke über einen Sumpf mit einer Länge von etwa 2 Meilen. Bei Verlassen des Waldes betritt man die Stadt Prag.*

*Was nun das Land des Mescheqqo angeht, so ist es das ausgedehnteste der slawischen Länder, und es ist reich an Getreide, Fleisch,*

*Honig und Fischen. Mescheqqo zieht Steuern in geprägten Münzen ein und sichert so den Unterhalt seiner Mannen – in jedem Monat bekommt ein jeder eine bestimmte Summe davon. Er hat 3 000 Gepanzerte, und das sind Kämpfer, von denen hundert 10 000 andere aufwiegen. Er gibt seinen Mannen Kleider, Rosse, Waffen und alles, was sie brauchen. Wird einem von ihnen ein Kind geboren, so befiehlt der König, sofort eine Zulage für den Unterhalt desselben zu zahlen, unabhängig davon, ob es männlichen oder weiblichen Geschlechtes ist. Wenn das Kind aber geschlechtsreif geworden ist, verschafft der König ihm, wenn es männlichen Geschlechtes ist, eine Frau und entrichtet an den Vater des Mädchens die Heiratsgabe; ist es aber ein Mädchen, so verheiratet der König dieses und übergibt die Heiratsgabe an ihren Vater. Die Hochzeitsgabe ist bei den Slawen groß, gerade so, wie es bei den Berbern gebräuchlich ist. Hat also ein Mann zwei oder drei Töchter, so sind diese die Ursache für seinen Reichtum, werden ihm aber Söhne geboren, so verarmt er.*

*An das Reich des Mescheqqo grenzt im Osten das Land der Russen und im Norden das der Pruzzen. Die Pruzzen leben am Meer und sprechen eine besondere Sprache; die Sprachen ihrer Nachbarvölker verstehen sie nicht. Sie sind bekannt wegen ihrer Tapferkeit. Kommt ein feindliches Heer in ihr Land, so wartet niemand von ihnen, bis ein Kamerad zu ihm stößt, sondern jeder stürmt, ohne sich um jemanden zu kümmern, auf den Feind los und streitet mit seinem Schwerte, bis jener fällt. Die Pruzzen werden nämlich von den oben erwähnten Russen (d. h. Normannen – R. A.) von Westen her zu Schiff überfallen.*

*Westlich des Landes der Russen liegt die Stadt der Frauen. Diese besitzen Ländereien und Sklaven. Sie werden von ihren Knechten geschwängert, und wenn ein Weib einen Knaben zur Welt bringt, tötet sie diesen. Sie reiten zu Pferde, führen selbst Krieg und besitzen Mut und Tapferkeit. Ibrahim ibn Jakub der Israelit sagt: Der Bericht über diese Stadt ist wahr, weil Otto, der König von Rom, mir selbst davon berichtet hat.*

*Westlich von dieser Stadt lebt ein slawischer Stamm, der das Volk Ubaba genannt wird. Dieser Stamm wohnt in einer sumpfigen Gegend im Nordwesten vom Lande des Mescheqqo. Das Volk Ubaba besitzt eine große Stadt am Ozean, die 12 Tore und einen Hafen hat, für den sie in Reihen angeordnetes Klobenholz verwenden. Sie bekriegen den Mescheqqo, und ihre Streitkraft ist gewaltig. Sie haben keinen König und lassen sich von keinem Einzelnen regieren; ihre Ältesten sind ihre Herrscher.*

*Was nun den König der Bulgaren anlangt, so sagt Ibrahim ibn Jakub: Ich bin nicht in seinem Lande gewesen, aber ich sah seine Gesandten in der Stadt Merseburg zu der Zeit, da sie beim König Otto ankamen. Sie tragen enge Kleidung und umgürten sich mit langen Gürteln, auf denen Gold- und Silberkugeln sitzen. Ihr König verfügt über große Macht, er trägt eine Krone auf dem Haupt, hat Sekretäre, Register und Bezirksverwalter und befiehlt und verbietet auf Grund von Reichseinrichtungen und -institutionen, wie es die Pflicht von Königen und Notabeln verlangt. Die Bulgaren besitzen Sprachkenntnisse und übersetzen das Evangelium in die slawische Sprache, denn sie sind Christen. Ibrahim ibn Jakub sagt: Das Christentum nahm der König der Bulgaren erst auf dem Boden des Römerlandes an, als er die Stadt Konstantinopel belagerte – so lange, bis ihm ihr König (d. h. der byzantinische = oströmische König – R. A.) freundlich entgegenkam und ihn mit reichlichen Geschenken zufriedenstellte. Und zu alledem, womit er ihn zufriedenzustellen suchte, gehörte, dass er ihm seine Tochter zur Frau gab; und diese überredete ihren Mann, sich taufen zu lassen. Somit bestätigt der Bericht des Ibrahim, dass des Bulgarenkönigs Übertritt zum Christentum nach dem Jahr 300 der Hedschra (d. i. im Jahre 912/913 n. d. Z. – R. A.) stattfand; andere aber sagen, dass diejenigen von ihnen, welche das Christentum annahmen, das zur Zeit des Königs Basileios taten. Die Bulgaren blieben Christen bis auf den heutigen Tag.*

*Ibrahim fährt fort: Konstantinopel liegt im Süden des Landes der Bulgaren, weiter im Osten und Norden sind die Petschenegen ihre Nachbarn, und im Westen von Konstantinopel ist der See von Benadschia (Venedig). Das ist ein Meerbusen, der aus dem Syrischen Meer (Mittelmeer) zwischen dem Großen Land (hier: Italien) und Konstantinopel verläuft, sodass er sich entlang des Großen Landes, der Küsten von Rom und der Küsten der Langobarden hinzieht und bei Friaul endigt. Alle diese Gebiete bilden also eine einzige Halbinsel, welche das Syrische Meer im Süden und der Meerbusen von Benadschia von der Ost- und Nordseite umgibt und der auf dem Landweg ein Zugang nach Westen bleibt. Die Slawen bewohnen beide Ufer dieses Meerbusens von seinem Ausgang an im Westen im Syrischen Meer. Im Osten aber von ihnen wohnen die Bulgaren und im Westen andere Slawen. Diejenigen, welche im Westen von dem Meerbusen wohnen, sind die tapfersten, und die Bewohner jener Gegend rufen sie zu Hilfe und hüten sich vor ihrem Angriff. Ihre Länder sind hohe, schwer passierbare Gebirge.*

*Im allgemeinen sind die Slawen kühn und angriffslustig, und wenn sie nicht in eine Menge von isolierten Gruppen und Unterabteilungen zersplittert wären, so würde kein Volk auf Erden ihrem Ansturm standhalten. Sie bewohnen diejenigen Länder, die am fruchtbarsten sind und den größten Überfluss an Lebensmitteln bieten. Mit großer Hingabe widmen sie sich dem Ackerbau und dem Nahrungsmittelerwerb und sind darin allen Völkern des Nordens überlegen. Ihre Waren gehen auf dem Lande und dem Meere zu den Russen und nach Konstantinopel. Die meisten Stämme des Nordens reden slawisch, weil sie sich mit Slawen vermischt haben, so die Stämme der Ultrschkin, der Anqlijin, der Petschenegen, Russen und Chasaren. Hungersnot entsteht in allen nordischen Ländern nicht infolge von Regenmangel und anhaltender Dürre, sondern lediglich infolge von übermäßigem Regen und anhaltender Nässe. Der Mangel an Niederschlägen hat bei ihnen keine verderblichen Folgen, sodass niemand, der davon betroffen ist, angesichts der Feuchtigkeit ihrer Böden und der starken Kälte eine solche Situation fürchtet. Sie säen zweimal im Jahr, im Hochsommer und im Frühling, und bringen zwei Ernten ein; am meisten säen sie Hirse. Die Kälte ist bei ihnen gesund, sogar wenn sie heftig ist, die Hitze aber ist verderblich. Sie können nicht in die Länder der Langobarden reisen, weil sie dort wegen der übermäßigen Hitze zugrunde gehen. Sie befinden sich nur dann wohl, wenn ihre Mischung (d. h. die Mischung der vier Grundelemente des Körpers, die nach mittelalterlicher Vorstellung das Funktionieren des menschlichen Organismus sichert – R. A.) erstarrt ist; wenn sie aber schmilzt und siedet, verdorrt der Körper, und infolgedessen tritt der Tod ein. Im Allgemeinen sind unter ihnen zwei Krankheiten verbreitet – kaum einer von ihnen bleibt von diesen verschont –, und das sind zwei Ausschlagkrankheiten: Röteln und Hämorrhoiden. Sie vermeiden den Verzehr von Küken, denn, wie sie behaupten, schadet er ihnen und fördert an ihnen den Rötelausschlag. Dagegen essen sie Rind- und Gänsefleisch, und es bekommt ihnen. Sie tragen weite Kleider, nur sind die Manschetten ihrer Ärmel eng. Die Könige entziehen ihre Frauen den Blicken und sind ihnen gegenüber außerordentlich eifersüchtig; bisweilen hat der Mann bei ihnen 20 und sogar noch mehr Frauen. Die häufigsten Bäume in ihren Tälern sind Apfel-, Birn- und Pfirsichbäume. Es gibt dort einen merkwürdigen Vogel, welcher oben grün ist und alle Laute, die er von Menschen und Tieren hört, nachspricht; bisweilen fängt man ihn, und sie machen Jagd auf ihn. Auf Slawisch heißt er sba. Es gibt dort auch ein wildes Huhn, das auf Slawisch tetra heißt; es hat schmackhaftes Fleisch, und sein Balzen vernimmt man von den Baumwipfeln her auf eine Farasange (d. h. 6–7 km – R. A.) und weiter; es gibt zwei Arten: schwarze und bunte, die schöner sind als Pfauen.*

*Die Slawen besitzen verschiedene Arten von Saiten- und Blasinstrumenten. Sie haben ein Blasinstrument, dessen Länge mehr als zwei Ellen beträgt, und ein Saiteninstrument, das mit acht Saiten bespannt und dessen Innenseite flach und nicht gekrümmt ist. Ihre Getränke und Weine stellt der Honig dar.*

*Al-Bakri sagt: Die Slawen zerfallen in viele Stämme. Zu ihren Stämmen gehören as-Sraba (die Sorben), Dulaba (die Duleben), Namdschin – dieser Stamm ist der tapferste und kriegerischste von ihnen –, dazu ein Stamm, der Serben genannt wird – der ist bei ihnen gefürchtet –, ein Stamm, der Mizaza genannt wird, weiterhin die Hairawas, die Sasin und Hschabin (Kasuben). Von diesen Stämmen wandten sich einige der christlichen Religion zu, und zwar der jakobitischen Sekte. Einige haben jedoch kein Buch der Offenbarungen, befolgen keinerlei religiöses Gesetz und sind Heiden. Der Stamm des Königs gehört zu den Letzteren.*

*Die Mitglieder des Stammes, von dem wir sagten, dass sie Serben heißen, verbrennen sich im Feuer, wenn ihr Oberhaupt stirbt; auch verbrennen sie ihre Reittiere. Sie haben Gebräuche, die denen der Inder ähnlich sind, obwohl Letztere im Osten leben und vom Westen weit entfernt sind. Bei dem Verbrennen der Leiche sind sie in fröhlicher Feststimmung und geben als Grund ihrer festlichen Freude an, dass ihr Gott sich des Toten erbarmt habe. Die Frauen des Verstorbenen zerschneiden sich mit Messern Hände und Gesicht, und wenn eine von ihnen behauptet, dass sie ihn liebe, befestigt sie einen Strick, steigt vermittels eines Schemels zu diesem empor und wickelt sich den Strick fest um den Hals. Darauf wird der Schemel unter ihr weggezogen, und sie bleibt zappelnd hängen, bis sie stirbt. Danach verbrennt man sie, und sie ist mit ihrem Gatten vereint.*

*Ihre Frauen begehen, wenn sie einmal geheiratet haben, niemals einen Ehebruch. Wenn hingegen ein Mädchen einen Mann liebt, begibt sie sich zu ihm und befriedigt ihre Leidenschaft. Wenn aber ein Mann eine Frau nimmt und entdeckt, dass sie Jungfrau ist, so sagt er zu ihr: ‚Wäre Gutes an dir, dann hätten die Männer dich begehrt und du hättest dir einen auserwählt, der dir deine Jungfrauschaft genommen hätte', und er jagt sie fort und befreit sich so von ihr.*

*Die Slawenländer sind sehr kalt; und am kältesten ist es bei ihnen dann, wenn die Nächte mondhell und die Tage klar sind. Dann wird es mächtig kalt, und der Frost wird stark; die Erde ist hart wie ein Stein, sämtliche Getränke frieren ein, Brunnen und Quellen überziehen sich wie mit Gips, sodass sie schließlich wie Stein werden. Wenn die Leute sich die Nase schnauben, so bedecken sich ihre Bärte mit Eisstückchen, die wie Glas sind, und sie brechen sie ab, bis sie sich am Feuer wärmen oder unter Dach kommen. Wenn aber die Nacht finster und der Tag trübe ist, dann schmilzt das Eis, und die Kälte lässt nach. Um diese Zeit werden Schiffe zertrümmert und ihre Insassen kommen um, denn vom Eis der Ströme dieser Länder werden Schollen abgestoßen, die ‚fest verankerten Bergen' (ein Bild aus dem Koran – R. A.) ähneln. Manchmal aber gelingt es einem jungen und gewandten Manne, sich einer solchen Scholle zu bemächtigen und sich auf ihr zu retten.*

*Bäder haben sie nicht; sie stellen lediglich eine hölzerne Bude hin und verstopfen ihre Ritzen mit etwas, das sich auf ihren Bäumen bildet und das dem Moos ähnelt, das außen an Schiffen wächst. Dieses wird von ihnen much genannt; es vertritt auch die Stelle des Pechs für ihre Schiffe. Sie bauen einen Ofen aus Steinen in einem Winkel der Bude und lassen oben, dem Ofen gegenüber, eine Öffnung, damit der Rauch abziehen kann. Sobald es nun warm wird, sperren sie jene Öffnung ab und verschließen die Tür der Bude. Drinnen ist ein Wasserreservoir; dieses Wasser gießen sie nun auf den glühenden Ofen, sodass Dämpfe aufsteigen. Jeder von ihnen hält ein Bündel dürres Kraut in der Hand, mit dem er sich Luft zufächelt. Dann öffnen sich ihre Poren, das Überflüssige tritt aus ihren Körpern nach außen und strömt wie ein Gießbach aus ihnen heraus; und an keinem von ihnen verbleiben Krätze oder Geschwür. Diese Bude nennen sie izba.*

*Ihre Könige reisen in großen und hohen rollenden Wagen auf vier Rädern und mit vier soliden Stangen, die rechtwinklig angeordnet sind und an denen eine Sänfte mit festen Ketten aufgehängt wird, die mit Brokat bespannt ist, sodass die darin Sitzenden nicht die Erschütterungen des Wagens verspüren. Auch für Kranke und Verwundete richten sie solche Wagen her.*

*Die Slawen führen Krieg mit den Römern, Franken, Langobarden und anderen Völkern, und das Kriegsglück wechselt zwischen ihnen."*

## *Elite und Volk*

Aus den schriftlichen Quellen der Ottonenzeit geht hervor, dass die gesamte Elite des deutschen Volkes, das heißt der König sowie der weltliche und kirchliche Adel mit seiner Dienerschaft, den Soldaten, Handwerkern, Knechten und Mägden, aus ungefähr 30 000 Personen bestand. Damals lebten aber auf dem Gebiet Deutschlands etwa 3 Millionen Menschen. Die Elite machte demnach nur 1 Prozent der Bevölkerung aus.

Im Laufe der Zeit schwand der Einfluss der Könige, ihre Macht wurde zunehmend nur noch symbolisch. Deutschland zerfiel in Kleinstaaten, die von Herzögen, Grafen und Fürstbischöfen regiert wurden. Die Produktivität der Landwirtschaft nahm zu, aber die Bauern hatten wenig davon. Auch in den Chroniken des späten Mittelalters und der beginnenden Neuzeit wird immer wieder von Hungersnöten berichtet. In den Schatzkammern des Adels aber häuften sich die Kuriositäten. Die Schere zwischen Arm und Reich öffnete sich immer weiter.

Im hohen Mittelalter bildete sich in den Städten eine neue Elite, der bürgerliche Geldadel. Seinen Reichtum verdankte er nicht mehr in erster Linie den Bauern, sondern Handwerk und Handel. Der Kampf um die politische Vorherrschaft mündete in die Revolution von 1848. Der Geburtsadel musste Teile seiner Macht an den Geldadel abgeben. Die grundsätzliche Aufteilung der Gesellschaft aber in Arme und Reiche, Mächtige und Machtlose, oben und unten blieb seit der Ottonenzeit unverändert. Auch das zahlenmäßige Verhältnis von Elite und Volk hat sich in den letzten eintausend Jahren kaum verschoben.

In der deutschen Geschichte, so liest man es oft, hätte es eine einheimische Herrenschicht erst seit den ottonischen Königen, seit der Gründung des deutschen Reiches gegeben. In den Jahrhunderten davor, beispielsweise bei den Germanen der Völkerwanderung, wäre es demokratisch zugegangen. Im Thing hätten alle gleichberechtigt die Geschicke ihres Volkes bestimmt. Nur im Kriegsfall wäre ein Anführer gewählt worden. Zwar hätten die antiken Autoren in Unkenntnis der germanischen Verhältnisse solche Leute wie Arminius, Marbod oder Vibilius „reges", also Könige, genannt, in Wahrheit aber wären es nur für kurze Zeit gewählte Häuptlinge gewesen. Anders als in der antiken Welt, in Mesopotamien, Ägypten, Griechenland oder Rom, hätte es nördlich der Alpen keine Elite, keine Pharaonen, Cäsaren, Könige oder Priester, gegeben. In Mitteldeutschland würden unsere Vorfahren bis zur Eroberung des Thüringer Königreiches durch die Franken im Jahre 531 freiheitlich und demokratisch gelebt haben. Auch die Thüringer Könige wären lediglich Erste unter Gleichen und ihre Macht nur symbolisch gewesen. Und je weiter man in unsere Geschichte zurückginge, um so urkommunistischer sei es gewesen. Diese Auffassung aber stimmt mit den Tatsachen nicht überein. Um das zu zeigen, ist allerdings eine etwas erweiterte Sicht auf unsere frühe Geschichte nötig.

# Teil II

## Die Sprache als Geschichtsquelle

### *Rudera aus heydnischer Zeit*

Bisher wird unser Wissen über die Frühgeschichte hauptsächlich von der Archäologie bestimmt. Wenn von ihr die Rede ist, denkt man gewöhnlich an Grabhügel, Wallanlagen, Knochen und Scherben. Bis zum Beginn des 19. Jahrhunderts nannte man diese Dinge ohne Unterschied „Rudera aus heydnischer Zeit" („rudera" - lat.: Schutt, Trümmer). Bis dahin galt auch offiziell die Zeitrechnung des Beda Venerabilis, eines englischen Mönches aus dem 7./8. Jahrhundert. Er hatte aus den Angaben der Bibel errechnet, dass die Erschaffung der Welt am 18. März des Jahres 3952 vor Christi Geburt begonnen hatte. Seit dem Jahre 1060 war diese Zeitrechnung vom Vatikan in Rom offiziell anerkannt und galt in Europa bis ins 19. Jahrhundert. Noch der Entdecker der ägyptischen Keilschrift, der Franzose Jean-Francois Champollion (1790 – 1832), durfte die ägyptischen Herrscher nicht davor datieren, sonst hätte er Ärger mit der Kirche gekriegt.

Im 19. Jahrhundert wurde das Bürgertum selbstbewusster und versuchte, die geistigen Fesseln der Kirche abzustreifen. Das betraf auch die Suche nach der eigenen Vergangenheit. So kam es, dass seit etwa 200 Jahren diese Zeugnisse unserer Vorfahren nicht mehr achtlos beiseitegeräumt, sondern gesammelt, zusammengefügt und gedeutet wurden.

Den ersten Versuch, eine gewisse Ordnung in diese „Rudera aus heydnischer Zeit" zu bringen, unternahm der Däne Christian Jürgensen Thomsen. Im Jahre 1830 sollte er Knochen, Keramikgefäße und Werkzeuge seines Museums für eine Ausstellung vorbereiten. Er teilte alles in die hauptsächlich verwendeten Werkstoffe Stein, Bronze und Eisen. Daraus entstand die noch heute gebräuchliche Einteilung der Frühgeschichte in die Stein-, Bronze- und Eisenzeit. Später untergliederte man diese Epochen in Früh-, Mittel- und Spätphasen und stellte fest, dass es auch dabei noch regionale Unterschiede gab. So entstanden eine Vielzahl von frühgeschichtlichen Gruppen und Epochen, und fast jeder Archäologe, der auf sich hält, erfindet eine neue Periode. So fällt es heute manchmal selbst Fachleuten schwer, sich zurechtzufinden.

### *Ein neues Volk?*

Zu den Untersuchungen der Archäologen kam im 19. Jahrhundert auch die Erforschung der deutschen Sprache und Mythologie, die Germanistik. Unter den ersten Germanisten waren die Brüder Grimm, die vor allem durch ihre Märchensammlungen berühmt wurden. Aus den Ergebnissen der Archäologen, Germanisten und der antiken Autoren, vor allem aus der „Germania" des Tacitus, entstand ein relativ festgefügtes Bild über unsere Vorfahren. Demnach wären die Ahnen aller Deutschen Germanen gewesen. Die heutige deutsche Sprache und die Bezeichnungen aller Siedlungen, Flure, Flüsse, Berge usw. würden aus dem Germanisch-Althochdeutschen stammen, einer Weiterentwicklung des urgermanischen Zweiges des Indogermanischen. Nach ihren Stammessagen wären die Germanen einst vom Norden, aus „Scanza", Skandinavien, gekommen und hätten die früheren Bewohner Germaniens, die Kelten, verdrängt oder ausgerottet. Das Bild von Deutschland als dem Land der Germanen erreichte unter den Nazis einen irrationalen Kultstatus. Noch heute ist dieses falsche Bild in den Köpfen vieler Deutscher fest verankert.

Der erste, der begann, dieses Bild in Frage zu stellen, war der Sprachforscher Hans Krahe (1898–1965). Er untersuchte die Flussnamen in Deutschland und stellte fest, dass sie keiner germanisch-althochdeutschen, sondern einer vorgermanischen, indogermanischen Sprachschicht angehören. Nachdem sich die Germanenforscher lange dagegen gewehrt und schließlich damit abgefunden hatten, interpretierten sie diesen Umstand so, dass die neuankommenden Germanen jene alten Flussnamen lediglich übernommen, anschließend die Urbevölkerung vertrieben und sich in ganz Deutschland breitgemacht hätten.

Dies bezweifelten die drei Historiker Rolf Hachmann, Georg Kossack und Hans Kuhn in ihrem gemeinsamen Buch „Völker zwischen Germanen und Kelten" aus dem Jahre 1962. Darin stellten sie fest, dass es in einem von ihnen untersuchten Gebiet im nördlichen Westdeutschland sowohl Bodenfunde als auch Orts- und Flurnamen gibt, die sie nicht einordnen konnten. Diese hätten weder mit Kelten, die dort vor den Germanen wohnten, noch mit den später hinzugekommenen Germanen irgendetwas zu tun. Diese Bodenfunde und Namen mussten von einem bislang unbekannten Volk stammen. Aber von welchem? Mit diesem Fragezeichen endet ihr Buch. Zur gleichen Zeit aber hatte in dem westthüringischen Dorf Flarchheim ein Sprach- und Heimatforscher die Antwort auf diese Frage längst gefunden. Sein Name war Erich Röth.

## *Der Sprach- und Heimatforscher Erich Röth*

Das Dorf Flarchheim liegt am Fuße des Hainich zwischen Mühlhausen und Bad Langensalza. Hier wurde Erich Röth im Jahre 1895 geboren. In Flarchheim verbrachte er seine Kindheit, besuchte die Volksschule und ließ sich danach in Wittenberg und Mühlhausen zum Dorfschullehrer ausbilden. Nach dem 1. Weltkrieg gab er seinen Lehrerberuf auf und gründete in Mühlhausen die Urquell-Verlagsbuchhandlung. Neben Büchern zur thüringischen Geschichte gab er die Monatszeitung „Der Pflüger" heraus. 1926 zog Erich Röth mit seinem Verlag in sein Heimatdorf Flarchheim. In den zwanziger Jahren entstanden in Deutschland zahlreiche freie Jugendbünde, die sich gegen die steifen Lebensnormen und die nationalistischen Tendenzen der älteren Generation richteten. 1929 übernahm Erich Röths Verlag das Wochenblatt „Die Kommenden", die Dachzeitschrift zahlreicher Jugendbünde. 1933 wurde diese Zeitung wegen „marxistischer Hetze" verboten. Im Jahr darauf siedelte Erich Röths Verlag nach Eisenach um, und Röth nannte die Schrift aus Gründen der Tarnung „Wille zum Reich". Im Herbst 1934 trat Harro Schulze-Boysen mit ihm in Verbindung, übernahm im Frühjahr 1935 selbst die Herausgeberschaft von „Wille zum Reich", und der Schriftsteller Walter Küchenmeister wurde Hauptschriftleiter. Da beide Autoren bekannte Antifaschisten waren und Schreibverbot hatten, zeichnete Erich Röth mit seinem Namen verantwortlich.

1940 wurde der Verlag „wegen Zersetzung des nationalsozialistischen Ideengutes" geschlossen und Erich Röth zum Militär eingezogen. Die Druckmaschinen wurden abtransportiert, die Bücherbestände beschlagnahmt und eingestampft. 1941 wurde Erich Röth an der Front verhaftet, kam in die Gestapo-Zentrale nach Berlin, anschließend nach Jena, wo er vom Oberlandesgericht wegen Vorbereitung zum Hochverrat zum Tode verurteilt wurde. 1942 entließ man ihn zur „Frontbewährung" zu einer Sanitätseinheit.

Im Jahre 1947 erhielt Erich Röth durch die Sowjetische Militäradministration eine Verlagslizenz in Eisenach. 1958 wurde ihm von den DDR-Behörden im Zuge der Verstaatlichung privater Verlage die Lizenz wieder entzogen. Die Begründung lautete, er habe mit seinen früheren Schriften die Naziherrschaft vorbereitet. Das Finanzamt Eisenach erfand Steuerschulden in enormer Höhe, Konten und Inventar wurden gepfändet und der Verlag enteignet. So blieb dem 63-jährigen Erich Röth nichts anderes übrig, als sich wieder in sein Heimatdorf Flarchheim zurückzuziehen. Hier starb er am 6. April 1971.

## *Die Grundsprache der Flarchheimer Bauern*

So bitter sich das Schicksal Erich Röths anhört, war es doch ein äußerst glücklicher Umstand für die Wissenschaft. Dieser rastlose und hochgebildete Mann konnte nicht leben, ohne wissenschaftlich zu arbeiten. Den Gegenstand seiner Forschung fand er diesmal direkt vor seiner Haustür, es war die Alltagssprache der Flarchheimer Bauern. Er stellte fest, dass viele Worte dieser Bauernsprache weder mit dem Hochdeutschen, dem Althochdeutschen noch dem Germanischen irgendetwas zu tun hatten. Woher aber stammten sie? Röths frühere Beschäftigung mit der europäischen Mythologie half ihm bei der Klärung dieser Frage. Seit 1928 hatte er als Verleger an einer 48 Bände umfassenden Märchensammlung „Das Gesicht der Völker" gearbeitet. Ethnologen und Sprachwissenschaftler waren durch die Länder Europas gezogen, hatten mit Tonbändern Volksmärchen aufgenommen und sie in seinem Verlag herausgegeben. Durch diese Bücher hatte sich Erich Röth umfangreiche Fremdsprachenkenntnisse angeeignet. Er verglich seine Flarchheimer Bauernsprache mit anderen europäischen Sprachen und entdeckte bei den Wortwurzeln die meisten Parallelen im Baltischen und Altgriechischen. Beide Sprachen besitzen jedoch noch viele indogermanische Wortstämme, und etliche davon fand er auch in der Grundsprache seiner Flarchheimer Bauern. Wie aber war das zu erklären? Was hatten die Flarchheimer Bauern mit den Balten an der Ostsee oder den alten Griechen gemein? Waren sie einst ein Volk? Stammten die Flarchheimer Bauern aus dem Baltikum oder aus Griechenland oder die Griechen und Balten aus Flarchheim? Oder sprachen die Balten, die alten Griechen und die Flarchheimer Bauern nur zufällig eine Variante des Indogermanischen, die besonders zäh an alten Wortstämmen festgehalten hatte?

Erich Röths Erkenntnisse sind in zwei Büchern veröffentlicht. Das erste Buch „Sind wir Germanen? Das Ende eines Irrtums“ erschien 1967 in Westdeutschland. Es hatte dort keinerlei Wirkung, wahrscheinlich auch, weil der Autor aus dem Osten kam. In der DDR war es nahezu unbekannt. Hinzu kam sowohl in der DDR als auch in der BRD, dass der Autor kein Universitätsprofessor war. Die Ignoranz der angestellten Wissenschaft gegenüber den Nichtprofis war und ist gesamtdeutsch. Röths zweites Buch „Mit unserer Sprache in die Steinzeit“ wurde 2001 aus seinem Nachlass herausgegeben und vertieft die Erkenntnisse des ersten.

Einige Wörter der Flarchheimer Bauern findet man, gleich oder ähnlich, auch in anderen Gegenden Deutschlands. Die Beispiele, die Erich Röth in seinen beiden Büchern anführt, könnten um ein Vielfaches erweitert werden, würde man überall die Grundsprache der Bauern untersuchen. Viel Zeit bleibt nicht, denn mit der Industrialisierung der Landwirtschaft sterben auch diese alten Wörter aus. Es sind Flurnamen, Bezeichnungen für bäuerliche Tätigkeiten, Namen für Festtage und Bräuche, Begriffe des Hausbaus, Bezeichnungen für Krankheiten, Speisen u.a. In ihnen hat sich die indogermanische Sprache fast unverändert erhalten. Und da diese Wörter vor etwa 7000 Jahren mit den neolithischen Bauern nach Mitteldeutschland kamen, wird erkennbar, dass die bäuerliche Grundschicht des Volkes seit dieser Zeit immer gleich geblieben ist. Sie wurde nur im Laufe der Zeit ständig von neuen Herrenschichten überlagert. Wenn das so ist, und das kann kaum bezweifelt werden, dann müsste man die gesamte Frühgeschichte Flarchheims und darüber hinaus ganz Deutschlands unter einem völlig neuen Aspekt betrachten. Möglicherweise ist das auch der Grund, warum die Erkenntnisse Erich Röths bisher so gänzlich ignoriert wurden.

## Die Sprache der Steinzeit

### *Die Herren kommen und gehen …*

Das bisherige Bild unserer Frühgeschichte geht gewöhnlich davon aus, dass Deutschland von ständig neuen „Völkern" besiedelt wurde. Diese besaßen eine jeweils eigenständige Kultur und wurden nach einiger Zeit wiederum von einem anderen „Volk" verdrängt. Den wesentlichen Unterschied zwischen diesen Gruppen sehen die Archäologen in der Keramik. Ihre Formen und Verzierungen bilden die Grundlage dafür, diese Gruppen einer gemeinsamen Kultur zuzuordnen. So teilen sie beispielsweise die neolithischen Bauern in Linienband- und Stichbandkeramiker, in Schnurkeramiker, Glocken- oder Trichterbecherleute. Man hat den Eindruck von einem ständigen Kommen und Gehen von „Völkern" mit etwas anderem Geschirr.

In einigen mitteldeutschen Gräbern, die man in die Zeit kurz nach 2000 v. d. Z. datierte, lagen erstmals auch Gegenstände aus Bronze. Entsprechendes fand man in Böhmen in einem Gräberfeld bei dem Dorf Aunjetitz. Da diese Gräber etwas älter sind, könnten die mitteldeutschen Bronzeleute aus Böhmen gekommen sein. Man nennt sie daher Aunjetitzer, die sich in Mitteldeutschland niedergelassen und die Ureinwohner vertrieben haben sollen. Ähnlich sei es mit jenen Völkern gewesen, die als erste Eisen verarbeiteten. Sie kamen aus Hallstatt in Österreich und später aus dem schweizerischen La Tène. Sie selbst nannten sich, wie Caesar berichtete, Kelten, von den Griechen und Römern aber wurden sie Gallier genannt. Diese Kelten breiteten sich bis an den Nordrand des Thüringer Waldes aus. Später wurden sie von anderen Eisenleuten aus Niedersachsen, den sogenannten Jastorf-Leuten, abgedrängt. Diese Jastorfer nahmen ganz Mitteldeutschland in Besitz. Es waren Stämme, die man später allgemein als Germanen, in Thüringen und Sachsen als Hermunduren bezeichnete.

Im 3./4. Jahrhundert n. d. Z. mussten die Hermunduren, so liest man es gewöhnlich, den aus dem Norden kommenden Angeln, Warnen und Sachsen weichen. Durch die Verschmelzung dieser drei germanischen Völkerschaften seien die Thüringer entstanden, und aus ihnen habe das gesamte Volk Mitteldeutschlands bestanden. Im Jahre 531 wurden die Thüringer von den Franken besiegt. Und erst mit der fränkischen Eroberung des Thüringer Reiches, mit der auch die schriftliche Überlieferung beginnt, soll es in Mitteldeutschland eine fremde Herrenschicht und ein unterworfenes Volk gegeben haben.

Diese soeben geschilderte Sicht auf unsere frühe Geschichte ist nicht nur unzutreffend, sie lässt auch viele Fragen offen. Wenn man annimmt, dass Mitteldeutschland immer wieder von anderen Volksstämmen besiedelt wurde, fragt man sich, wohin die abgedrängten Völker gewandert und wo sie geblieben sind. Und wie erklären sich die zahlreichen Fluchtburgen Mitteldeutschlands, die nur durch eine sehr große Anzahl von Menschen in langer Zeit errichtet werden konnten? Waren sie wirklich, wie bislang angenommen, Fluchtburgen, in denen sich die Einheimischen vor fremden Eroberern versteckten?

Oder warum wurde das Sonnenobservatorium in Goseck (4 800 v. d. Z.) mit so viel Aufwand (zwei Holzpalisadenringe aus 1 675 Eichenstämmen) errichtet, wenn man mit vier einzelnen Stämmen das Gleiche, nämlich die Feststellung der Sonnenwenden, hätte erreichen können?

Warum wurden von den Schnurkeramikern (etwa 2500 bis 2000 v. d. Z.) keine Hausgrundrisse entdeckt? Was haben die seltsamen Beigaben des berühmten Leubinger Fürstengrabes (1940 v. d. Z.) zu bedeuten, vor allem der über dem Fürsten liegende Leichnam eines Kindes? Warum war die Himmelscheibe von Nebra (hergestellt um 1600 v. d. Z.) so begehrt, dass sie später öfter den Besitzer wechselte und mehrmals umgearbeitet wurde? Warum ist das befestigte Areal der germanischen Funkenburg in Westgreußen (besiedelt von etwa 250 bis 50 v. d. Z.) so klein, dass dort keine Landwirtschaft möglich war? Oder wie kam es dazu, dass zwei relativ kleine fränkische Heerhaufen die Streitmacht des großen und mächtigen Thüringer Reiches in kurzer Zeit so vernichtend schlugen? Diese und noch viele andere Fragen der Frühgeschichte lassen sich mit dem traditionellen Geschichtsbild nicht beantworten. Geht man aber davon aus, dass die unterste Schicht des mitteldeutschen Volkes stets die gleiche war und nur von ständig wechselnden Herrenschichten überlagert wurde, dann beantworten sich viele dieser Fragen.

## *Die Altsteinzeit*

Die ältesten Zeugnisse von Menschen in Mitteldeutschland stammen aus der Nähe des Dorfes Bilzingsleben im Kreis Sömmerda. Auf einer Anhöhe über der Wipper fand man Knochenreste des homo erectus, deren Alter man auf 300 000 Jahre schätzte. Diese Jäger und Sammler aus der Altsteinzeit verschwanden wieder mit der nächsten Eiszeit. Danach wechselten sich Warm- und Eiszeiten ab, und in den Zwischeneiszeiten siedelten immer wieder Menschengruppen in Mitteldeutschland. Ihre Spuren fand man unter anderem in Nebra, Wangen, Memleben, Markkleeberg oder Taubach-Ehringsdorf. Über ihre Sprache kann man nur spekulieren. Wahrscheinlich entwickelten sie aus anfänglich animalischen Lauten immer differenziertere Geräusche und später erste einsilbige Wörter, um den Gegenständen in der Natur bestimmte Namen zu verleihen.

Die kontinuierliche Besiedlung Mitteldeutschlands, die bis heute andauert, begann erst am Ende der letzten Eiszeit. Diese wird Weichsel-Eiszeit genannt, da sich die Eisdecke von Niedersachsen über Brandenburg bis zur Weichsel erstreckte. Ihre klimatischen Auswirkungen reichten bis zu den Alpen. Diese Weichsel-Eiszeit endete ungefähr um 10 000 v. d. Z. Danach begann die mittlere Steinzeit, das Mesolithikum.

## *Die mittlere Steinzeit*

Als mittlere Steinzeit bezeichnet man die Periode vom Ende der letzten Eiszeit bis zur Ankunft der ersten Ackerbauern und Viehzüchter um 5 000 v. d. Z. Diese sich im mitteldeutschen Gebiet ansiedelnden Bauern trafen hier auf die Urbevölkerung, die mesolithischen Jäger, Fischer und Sammler. Nach dem, was diese Jäger, Fischer und Sammler an Bodenfunden hinterließen, jagten sie vor allem Rehe, Wildschweine, Kleintiere und Vögel. Mit Käschern und Netzen aus Birkenrinde fingen sie Fische aus Seen und Flüssen. Sie sammelten alles Essbare, was ihnen die Natur bot. An ihren Jagdwaffen, den Pfeilen und Speeren, waren mit Baumrindenbast und Birkenteer kleine scharfe Steine befestigt, sogenannte Mikrolithen. Neben den Jagdwaffen wurden im Moor auch Einbäume und Paddel gefunden. Für die Holzbearbeitung, das Schlachten und Zerteilen der Tiere sowie für die Bearbeitung der Felle benutzten sie scharfe Dolchklingen, die sie sich aus Feuersteinknollen geschlagen hatten. Diese Menschen konnten nur in der Gemeinschaft überleben. Vor allem die Jagd auf Großwild war nur gemeinschaftlich möglich.

Zum Funktionieren einer Gemeinschaft aber gehört der gedankliche Austausch, die Sprache. Neben ihren Handlungen und Gefühlen mussten die mesolithischen Jäger, Fischer und

Sammler auch den Objekten ihrer Tätigkeit, den Tieren und Pflanzen, einen Namen geben. Vor allem aber mussten sie die Orte ihrer Umgebung bezeichnen, Orientierungspunkte in der Landschaft wie Berge, Täler, Seen und Flüsse benennen. Mit den um 5 000 v. d. Z. auftauchenden Ackerbauern und Viehzüchtern konnten sie sich nicht verständigen, denn deren Sprache war eine völlig andere. Zunächst wird es wenig Konflikte gegeben haben, denn die Bauern ließen sich hauptsächlich in den waldarmen Ebenen nieder. Die Jäger und Sammler aber bevorzugten, das zeigen die Funde, die Ränder der bewaldeten Höhenzüge. Mit zunehmendem Kontakt zwischen Bauern und Jägern war jedoch ein sprachlicher Austausch nötig. Die Begriffe der Bauernsprache, einer frühen Form des Indogermanischen, die den Ackerbau, die Viehzucht, den Hausbau und das Handwerk betrafen, fehlten in der Sprache der Jäger und Sammler. Später, nach der Verschmelzung der Jäger und Bauern, wurden diese indogermanischen Wörter in die gemeinsame Sprache übernommen. Die Orientierungspunkte in der Landschaft aber, die Namen der Berge, Täler, Seen und Flüsse, haben die Bauern zum großen Teil von den alteingesessenen Jägern und Sammlern übernommen. Diese Erkenntnis ist noch nicht alt. Sprachwissenschaftler der Universität München haben erst vor kurzem festgestellt, dass einige Gewässer-, Gelände- und Siedlungsnamen Europas nicht indogermanisch, sondern noch viel älter sind und von den Jägern und Sammlern stammen müssen. Sie fanden diese mesolithischen Wortstämme in der baskischen Sprache, die nachweislich nicht zum indogermanischen Sprachstamm gehört und die in ihrer Urform schon in Europa gesprochen wurde, als die indogermanischen Bauern noch nicht hier angelangt waren.

Die Basken, ein Gebirgsvolk in den Pyrenäen, hatten sich nicht mit den dortigen neolithischen Bauern vereinigt. In ihren abgeschiedenen und schwer zugänglichen Gebirgstälern lebten sie jahrhundertelang weiter als Jäger und Sammler. Nur allmählich übernahmen sie die Lebensweise der Ackerbauern und Viehzüchter, ohne sich direkt mit den Bauern einzulassen. So behielten sie neben ihrer Kultur auch ihre eigene Sprache. Es ist deshalb nicht verwunderlich, dass das Baskische sowohl im Wortschatz als auch in der Grammatik weder mit dem Indogermanischen noch mit einer anderen europäischen Sprache irgendetwas zu tun hat. Ähnliches geschah im Kaukasus. Auch die kaukasischen Sprachen haben nichts mit dem Indogermanischen gemein. In Mitteleuropa aber haben sich die Wortstämme der Jäger und Sammler nur im Baskischen erhalten.

Die Münchner Sprachwissenschaftler sind im Laufe ihrer Untersuchungen bei etlichen süddeutschen Fluss-, Gelände- und Siedlungsnamen zu erstaunlichen Ergebnissen gekommen. Um nur zwei Beispiele zu nennen:

Das baskische Wort „ibar" heißt Fluss, Flusstal oder Flussmündung. Als die Germanen Süddeutschland besiedelten, hängten sie an das ihnen unverständliche „ibar" ihr Wort für Wasser „aha" an, und so entstand „ibar-s-baha", „ibars-bach" (Fluss-Fluss). Später wurde daraus „Ebers-bach". Bisher deuteten Etymologen, denen der Eber als heiliges Tier der Germanen bekannt war, den süddeutschen Ebersbach als Tränke für Eber.

Ähnlich verhält es sich mit der Isar, dem Nebenfluss der Donau. Die baskische Wortwurzel „is" heißt Feuchtigkeit, Wasser, Gewässer. Dem unverständlichen „is" wurde das germanische „ar" zugefügt, und es entstand „Is-ar", was ebenfalls eine Tautologie ist und „Wasser-Wasser" bedeutet.

Auch in Mitteldeutschland gibt es einige Orts- und Geländenamen, die noch mesolithische Wortwurzeln enthalten, die sich in der baskischen Sprache erhalten haben. Auch dafür ein paar Beispiele:

Die am frühesten schriftlich erwähnte Stadt Thüringens ist Arnstadt. Im Jahre 704 schenkte der Thüringer Herzog Heden dem Bischof Willibrord in Arnstadt einen Hof. Er lag am Fluss

Weiße. Arnstadt wird als Adlerstätte gedeutet, denn aro/arn bedeutet im Althochdeutschen Adler. Gab es dort, im Gegensatz zu den Nachbargegenden, besonders viele Adler? Wohl kaum, und wenn, welchen praktischen Zweck hätte solch eine Ortsbenennung gehabt? Oder ist, wie auch angenommen, Arn ein Personenname, verkürzt aus Arno, Arnold, Arnulf? Dann würde Arnstadt den Besitz eines Adligen namens Arn- bezeichnen. Dagegen spricht die ältere Bezeichnung des Jonastals, das sich südwestlich von Arnstadt erstreckt. Es hieß nämlich früher Arntal. Arn/aran aber ist das baskische Wort für Tal. Arn-tal bedeutet demnach Tal-tal und Arnstadt – Siedlung im Tal. Das passt sehr gut zur Geografie. Südlich von Arnstadt liegt die Altenburg. Bisher galt sie vor allem als keltisches Oppidum. Aber die Altenburg war, was archäologische Funde belegen, schon lange vor den Kelten von mesolithischen Jägern und Sammlern besiedelt. Dort oben aber gab es kein Wasser, und deshalb mussten die Menschen herunter ins Tal, das in der Jägersprache Arn hieß, an den Fluss Weiße. Die späteren Siedler konnten mit dem Begriff Arn nichts anfangen, und so erklärt sich die Entstehung des Namens Arn-tal.

Gleiches gilt wohl für den Ort Arnstedt (993 Arnan-stedti) südlich von Aschersleben. Ebenso trifft das für Großörner zu, denn der Ort heißt im 10. Jh. Arnare und liegt südlich von Hettstedt im Tal der Wipper. Er wurde bisher als Platz der Schnitter erklärt, denn „arnen" heißt althochdeutsch ernten. Geerntet aber wurde früher überall. In Arn-are steckt ebenfalls das baskische „arn" und das germanische Wort für Wasser ari/are – es kann somit als Ort im Flusstal erklärt werden.

Das erwähnte „ibar", Fluss, findet man auch in Mitteldeutschland. Der Name der drei Ebra-Bäche, die heute ausgetrocknet sind, hat sich noch in vier Ortsnamen erhalten. Es sind Kreuzebra und Kaltenebra im Eichsfeld sowie Thal- und Hohenebra bei Sondershausen. Ebenso gilt es wohl für das an der Ilm gelegene Eberstedt bei Apolda (876 Eberstat) sowie für Eberstädt (9. Jh. Eberestat) im Tal der Nesse, nordwestlich von Gotha.

Das baskische „is", Wasser, von dem die Isar ihren Namen hat, findet man auch in etlichen Ortsnamen Mitteldeutschlands. So im Namen von Erfurt, das 742 Erphesfurt genannt wird. Durch Erfurt fließt die Gera, die im Thüringer Wald entspringt und hinter Gebesee in die Unstrut mündet. Früher trugen größere Flüsse unterschiedliche Namen. Der Abschnitt der Gera, der durch Erfurt fließt, hieß ursprünglich „Erp-is-a". Das altgermanische „erp/erpf" bedeutet dunkel, bräunlich und die Endung -a Wasser. Das dazwischenstehende „is" ist der ursprüngliche vorgermanische Begriff für Wasser, sodass „Erp-is-a" eigentlich „Dunkel-wasser-wasser" heißt. Ebenfalls gilt das für den Ort Friedrichswerth, der früher Erfa (aus Erpisa) hieß.

Auch in Eisenach steckt das baskische „is". Der Ort wird 1150 als „Is-in-acha" erwähnt. Namengebend waren in Eisenach der Krimmelbach und die Nesse. Als „Ort am Wasser" ist auch der Name des Dorfes Ichstedt bei Bad Frankenhausen, am Südosthang des Kyffhäusers, zu übersetzen. Ichstedt wird 750/802 Istat genannt, erst 1111 wird daraus Ich-stetin. Bisher wurde Ichstedt aus dem althochdeutschen „iha" oder dem altsächsischen „ich" (Eibe) erklärt, also einem Ort, an dem Eiben wuchsen. Durch Ichstedt fließt der Riethgraben, der aus dem Kyffhäuser kommt und bei Artern in die Unstrut fließt. Hinter Ichstedt in Richtung Borxleben bildete dieser Riethgraben früher einen großen See, der heute nur noch als Tümpel vorhanden ist. Ichstedt, früher am Ufer dieses Sees gelegen, heißt demnach Ort/Stelle am Wasser. Bestätigt wird die Bedeutung des Wassers für diesen Ort auch durch die Sage „Die Eisfrau von Ichstedt". In der ursprünglichen Form der Sage wird sie „Is-frau", Wasserfrau, geheißen haben. Quellen, Bäche und Flüsse wurden immer mit weiblichen Gottheiten (Nixen u. ä.) verbunden. Später verstand man „Is-frau" nicht mehr und machte sie zur Eis-frau, doch auch in dem heutigen Wort „Eis" hat sich die mesolithische Wortwurzel „is" noch erhalten.

*„Auf sagenberühmter Erde, südöstlich vom Kyffhäuser, liegt der freundliche Ort Ichstedt. Hinter dem uralten, viele Jahre hindurch von der Familie Wüsthoff bewohnten Schlosse steigt die Höhe hinauf der Schlossgarten, in welchem ein mannshoher, schmaler Gang Aufmerksamkeit erregt, der, in den Berg führend, in ein größeres Gemach, Eisloch genannt, endigt. Hier waltet, nur Sonntagskindern erkennbar, die Eisfrau. Silberfarbig ist ihr Haar, bleich das Gesicht, schneeweiß ihr langes Gewand. Sie selbst ist lautlos, nur das Klirren des Schlüsselbundes, das sie am Gürtel trägt, kündigt ihr Nahen an. Um Mitternacht zeigt sie sich in der Nähe des Eisloches und auf dem Weg nach dem Schlosse, welches sie jedoch selbst nicht betritt; in dunklen Nächten zündet sie sich auf einem Baum ein Licht an. Begleiter der Eisfrau ist ein silbergrauer Hase, der sich oft im Schlossgarten gezeigt hat, oft verfolgt wurde, aber immer zu dem Eisloch entkommen ist, wo ihn seine Herrin schützt. Die Eisfrau ist nicht nur ein nächtliches Gespenst, sondern hat auch am Tage Gewalt anzuziehen und abzuwehren.*

*Noch vor kurzem wollte ein fauler Knecht am Eisloche vorübergehen, lenkte aber unwillkürlich seine Schritte nach dem Eingange. Da gedachte er der Eisfrau, und in Todesangst versuchte er zu fliehen, eine unsichtbare Hand aber zog und schob ihn vorwärts und stürzte ihn in das Eisloch, sodass er im Fallen einen Arm brach. Feldarbeiter hatten seinen Gang nach dem Felde bemerkt und kamen herbei, so ward er noch gerettet.*

*Aber die Eisfrau schreckt und straft nicht bloß. Nordöstlich vom Eisloche befindet sich ein fortwährend mit Wasser gefüllter Erdfall, das Gründlingsloch, dessen Tiefe man auf 200 Fuß schätzt. Es nimmt namentlich bei starken Gewittergüssen eine ungeheure Menge Wassers auf, das es bis zu einem gewissen Höhepunkte durch unterirdische Kalkfelsenklüfte mit reißender Schnelligkeit weiterführt und so Ichstedt schon mehrfach vor Überschwemmungen geschützt hat. Aus diesem Gründlingsloch schöpft die Eisfrau Wasser, es ist ihr Brunnen, den sie gegraben hat, um verderbliches Wasser abzuleiten. So ist die Eisfrau die wohltätige Beschützerin Ichstedts.“*

Ichstedt liegt im Nabelgau. Der Name Nabelgau, mit dem die gesamte Gegend östlich des Kyffhäusers bezeichnet wird, wurde bisher nur notdürftig erklärt. An der „Nablis“ fand ein wichtiges Ereignis der Thüringer Geschichte statt. Erstmalig erwähnt der fränkische Hofdichter Venantius Fortunatus die „Nablis“ in einem Lobgedicht für den fränkischen König Sigibert. Dieser sei seinem Vater Chlothar I. an Mut und Tüchtigkeit gleich, wie ja die Nablis beweise, an der Chlothar einst gesiegt habe. Diese Bemerkung bezieht sich auf den Rachefeldzug der Franken im Jahre 555/56 gegen die sich empörenden Sachsen und Thüringer. Nablis als Flussname erscheint nur an dieser Stelle. Einige Historiker nahmen zunächst an, dass damit der Fluss Naab in der Oberpfalz gemeint sei, da nach dem sogenannten bayrischen Geografen, einer Liste ostfränkischer Völker aus dem 9. Jahrhundert, die Flüsse Naab und Regen durch thüringisches Gebiet flössen. Da aber im 10. Jahrhundert Orte am Kyffhäuser genannt werden, die im Nabelgau liegen, kann mit Nablis nicht die Naab gemeint sein. Im Nabelgau befinden sich laut überlieferter Urkunden die Dörfer Ichstedt, Esperstedt, Bendeleben und Wolkramshausen. Da diese Orte in der Nähe der thüringischen Wipper beziehungsweise im Unstruttal liegen, wurde die Nablis entweder als früherer Name der Wipper oder als alter Abschnittsname der Unstrut gedeutet. Wenn man aber das baskische „naba“, was Flusstal bedeutet, als Erklärung nimmt, kann beides richtig sein. Es könnte das Tal der Wipper und das Tal der Unstrut hinter der Thüringer Pforte bezeichnen. Beide „Nablis-Täler“ wurden später zum Nabelgau zusammengefasst.

Der Nabelgau wird von Hainleite und Finne begrenzt. Auch der Name Finne ist bisher nur unbefriedigend erklärt worden. Weder altdeutsches „pinno“ (Ende, Spitze) noch keltisches „penn“ (Kopf, Gipfel) oder lateinisches „penna“ (Feder, Flosse, Pfeil oder Mauerzinne) ergibt einen Sinn. Das baskische „pinu“ (Kiefer, Nadelbaum) erklärt den Namen dieses noch heute stark bewaldeten Höhenzuges besser.

Der Ortsname Aschara südöstlich von Bad Langensalza klingt sehr altertümlich. Im 9. Jh. Asgore, 932 Asgari genannt, soll der Name aus dem althochdeutschen „ask“ (Esche) und „gor“ (Sumpf) zusammengesetzt sein. An einem sumpfigen Eschenhain aber wird kaum jemand einen Ort gegründet haben. „Aska“ ist das baskische Wort für Tränke. Es war ein Ort, an dem die mesolithischen Jäger bequem Beute machen konnten.

Auch der Ortsname Ehrich, der in Großen- und Wenigenehrich nordwestlich von Greußen steckt (772 Eherriche, 876 Erichi), kann aus dem Baskischen erklärt werden. Die bisherige Deutung aus althochdeutschem „ehir“ (Ähre) und „rihhi“ (Gegend, Bereich) ergibt wiederum wenig Sinn. Das baskische „erion“ bedeutet Quelle. Auf dem Marktplatz in Großenehrich befand sich früher die Klingenquelle, deren Wasser einst die Klingenstraße entlanglief und die Stadtmühle antrieb.

Eine andere baskische Wortwurzel für Wasser ist neben „is“ auch „ur“. Im Althochdeutschen bedeutet „Ur“ Auerochse. Die beiden Orte Urbach bei Mühlhausen (876 Hurbach, 967 Urbah) und Urbich bei Erfurt (1248 Urbeche) wurden deshalb als Orte gedeutet, an deren Gewässern sich gern Auerochsen aufhielten. Sinnvoller wäre die Erklärung, dass die germanischen Neuankömmlinge die frühere Bedeutung von „Ur“ nicht mehr kannten und das dortige Gewässer Ur-baha, Urbach nannten, was wiederum Wasser-wasser bedeutet.

Für das mansfeldische Hettstedt soll die frühgeschichtliche Kupfer- und Bronzeschmelze namengebend gewesen sein. Hettstedt (1046 Heizstete, 1223 Hezstide, 1241 Hetstide) wäre vom altgermanischen „haitjan“ (erhitzen) abgeleitet. Es kann aber auch sein, dass der Name des im Tal der Wipper gelegenen Hettstedt vom baskischen „heze“ (feucht) kommt.

Alten- und Großengottern bei Bad Langensalza werden um 800/810 „Gutorne“, 997 „(in) Aldengudereno“ und 1070 „Guterena“ genannt. Die Erklärung aus lateinischem „gutta“ (Tropfen) oder deutschem „Gosse“ (Abzugskanal) ist wiederum wenig einleuchtend. Wahrscheinlicher ist die Ableitung vom baskischen „gotor“, das so viel wie „befestigt, widerstandsfähig“ bedeutet. Demnach könnte Gottern eine Siedlung der neolithischen Bauern gewesen sein, die sie gegen räuberische Jäger befestigt hatten. Das Gleiche könnte für den Ort Gottstedt in der Nähe von Erfurt (1103/04 Gothenstete, 1143 Gotenstete) zutreffen.

Auch der Name Häseler, heute enthalten in Klosterhäseler und Burgheßler bei Bad Kösen, wäre als Bezeichnung für eine befestigte Siedlung anzusehen. Im 9. Jahrhundert heißt der Ort „Heselere“ und wurde bisher aus „Hasalaha“ (Leute am Haselbach) erklärt. „Hesi“ heißt im Baskischen „Hecke, Zaun“.

Als bewehrte Siedlungen könnte man ebenfalls die beiden Pfüffel/Pfiffel-Orte, Hackpfüffel nordöstlich des Kyffhäusers und Mönchpfiffel südlich von Allstedt, verstehen. Hackpfüffel trägt seine Vorsilbe seit 1438 als Besitz der Familie Hacke, Mönchpfiffel seit 1205 als Hof des Klosters Walkenried. Beide Orte hießen vordem Bablide. Der baskische Wortstamm „babe“ bedeutet Schutz, Obhut, Zuflucht und die Nachsilbe -idi/ide ist die germanische Bezeichnung für Stätte.

Der altertümlich klingende Flussname der Lossa, die bei dem gleichnamigen Ort Lossa entspringt und bei Leubingen in die Unstrut mündet, wurde bisher als Lachs-Bach erklärt. Erstmalig wird er 1140 „Laz“ genannt. „Lats“ heißt baskisch Bach. Besser erklärt werden könnte auch der Name der Monra, eines Bächleins, das für die beiden Orte Großmonra und Ostramondra sowie auch für die in der Nähe gelegene Monraburg namengebend war. Bislang wurde der Name Mon(a)ra entweder vom indogermanischen „mono“ (Nacken, Hals, Höhenrücken) oder dem altdeutschen „mana“ (Mähne) hergeleitet. 1157 wird Monra „de Munro“ genannt. „Mun“ ist das baskische Wort für Ufer, Böschung. Die beiden Dörfer Großmonra und Ostramondra liegen am Ufer zweier verschiedener Bäche, die sich vor Kölleda vereinen und in der Nähe von Frohndorf in die Lossa münden. Auch der Name der Bayernhauptstadt München wird neuerdings von diesem baskischen „mun“ abgeleitet. Deshalb könnte man vielleicht auch die zahlreichen München-/Mönchen-Orte Mitteldeutschlands, in denen sich keine Männerklöster nachweisen lassen, als „Siedlungen am Ufer“ erklären.

Diese wenigen Beispiele zeigen, dass sich wahrscheinlich noch in vielen anderen Orts-, Flur-, Gelände- und Gewässernamen Mitteldeutschlands uralte Bezeichnungen der mesolithischen Jäger, Sammler und Fischer erhalten haben. Für Heimatforscher, denen die bisherige Deutung von Orts- und Geländenamen nicht sinnvoll erscheint, eröffnen sich hier interessante Aufgaben.

Dass sich noch andere sprachliche Reste der Mesolithiker in den modernen Sprachen erhalten haben, zeigen einige andere Beispiele. Eines davon ist das Vigesimalsystem, die Zählung nach Zwanzigern. Dabei zählte man zu den zehn Fingern auch die zehn Fußzehen. Erst durch die eingewanderten Ackerbauern und Viehzüchter wurde die Zählweise nach den Fingern, das Dezimalsystem, in Europa eingeführt. In England, Dänemark und Frankreich aber haben sich Reste dieses Zwanziger-Systems erhalten. So heißt achtzig sowohl im Französischen (quatre-vingts) als auch im Dänischen (firs - firsindstyve) viermal zwanzig. Und in England waren früher zwanzig Schillinge ein Pfund.

Ein anderes Beispiel ist der Name für die Himmelsrichtung Osten, der auch für das Frühjahrsfest Ostern bestimmend war. Die Deutung des englischen Kirchenhistorikers Beda Venerabilis, der im 8. Jahrhundert eine germanische Göttin Ostara erfand, wird zwar heute von den Sprachwissenschaftlern abgelehnt, eine neue Deutung aber haben auch sie nicht. Die anderen Himmelsrichtungen lassen sich aus dem Indogermanischen erklären. Im Norden steckt die Wortwurzel *nor, was links bedeutet, und im Süden *sud, was rechts heißt. Im Wort Westen aber, altindisch avas, verbirgt sich der Stamm *ue/*ues, der so viel wie herab, herunter besagt. Die Namen dieser drei Himmelsrichtungen orientieren sich an der wichtigsten, dem Osten. Dort ging frühmorgens die Sonne auf, sie brachte tagsüber Licht und Wärme. Bevor sie aber aufging, hatte sie sich des Nachts versteckt. Ein Versteck nannten die Mesolithiker und nennen die Basken noch heute „osten-du".

## *Die neolithische Revolution*

Während in Mitteleuropa ab etwa 10 000 v. d. Z. die letzte Eiszeit zu Ende ging, geschah im Vorderen Orient etwas, das der englische Archäologe Gordon Childe als „neolithische Revolution" bezeichnete. Dieser Begriff ist treffend, denn in der Tat geschah ein revolutionärer Sprung in der menschlichen Entwicklung. Das Verhältnis Mensch – Natur veränderte sich grundlegend.

Bisher lief der Mensch sozusagen der Natur hinterher. Sein Leben war abhängig vom Zufall, vom Jagd- und Sammelglück. Nun drehte er den Spieß um und fing allmählich an, die Natur zu beherrschen. Die Gegend, in der diese Revolution stattfand, ist der nördliche Teil des Zweistromlandes in der fruchtbaren Ebene zwischen den Flüssen Euphrat und Tigris. Diese Landschaft wird gegen Nordosten durch Gebirge begrenzt und zieht sich von dort in einem Bogen südwestlich bis nach Palästina. Auf der Landkarte erscheint dieses Gebiet wie ein Halbmond und wird daher auch als „Gegend des fruchtbaren Halbmondes" bezeichnet.

Die ersten Tiere, die man fing und in ein Gatter sperrte,

waren wilde Schafe und Ziegen, die man noch heute an den dortigen Gebirgshängen antrifft. Über Generationen hinweg gewöhnten sich die in der Gefangenschaft geborenen Tiere an ihre Situation und die Menschen. Die wiederum lernten, dass man Tiere nicht nur schlachten und essen, sondern auch ihre Milch und Wolle nutzen konnte.

Bei der Einführung des Ackerbaus wird, wie bei den meisten Erfindungen, der Zufall eine Rolle gespielt haben. Schon die mesolithischen Jäger und Sammler hatten erkannt, dass die Früchte einiger Gräser, wenn sie zermahlen werden, einen essbaren Brei ergeben. Bei den jährlichen Überschwemmungen im Zweistromland könnten einige im Schlamm verlorene Körner im Jahr darauf kräftige Gräser hervorgebracht haben. Warum das passierte, war ein Rätsel, ein Wunder. So entstand bei den Ackerbauern die religiöse Verehrung der heiligen fruchtbaren Mutter Erde, die bis heute in den verschiedensten Bräuchen weiterlebt.

Zufällig wird auch eine andere Erfindung gewesen sein, die ebenfalls einen gewaltigen Sprung in der menschlichen Entwicklung einleitete. Es war die Entdeckung des Tonbrennens. Die Jäger und Sammler benutzten für das Aufbewahren von Früchten geflochtene Körbe. Um auch Wasser darin transportieren zu können, bestrich man die Körbe innen mit Ton. Irgendwann wird solch ein bestrichener Korb ins Feuer gefallen sein, und als das Feuer heruntergebrannt war, hatte man die erste Keramikschüssel. Die Erkenntnis, dass man durch Erhitzen von ganz bestimmter Erde oder besonderen Steinen ein völlig anderes Material erhält, war die Grundlage der späteren Metallgewinnung. Ohne diese Erkenntnis wäre die weitere Entwicklung der Menschheit nicht möglich gewesen.

Ackerbau und Viehzucht bewirkten eine bessere und vor allem stabilere Versorgung. Die Folge war ein enormer Zuwachs der Bevölkerung. Das wiederum führte dazu, dass die landwirtschaftlichen Flächen nicht mehr ausreichten und sich die Bauern sternförmig nach allen Himmelsrichtungen ausbreiteten. Der östliche Siedlungsstrom kam bis Indien, der nördliche über Südrussland in das Baltikum. Im Südwesten wurde das fruchtbare Nildelta erreicht. Nach Nordwesten hin zogen die Siedler über die Türkei bis zum Bosporus. Nachdem sie ihn überschritten hatten, teilten sich die Siedlungsströme. Der eine zog durch Südeuropa und erreichte Griechenland, Italien, Frankreich und Spanien. Der andere gelangte nordwärts bis zur Donau und folgte ihrem Lauf bis in die Slowakei. Über Böhmen und entlang der Elbe kamen die ersten Siedler etwa um 5 000 v. d. Z. nach Mitteldeutschland. Vom „fruchtbaren Halbmond" nach Mitteleuropa sind es etwa 5 000 Kilometer. Um 10 000 setzte die neolithische Revolution ein, um 5 000 kamen die ersten Bauern in Mitteldeutschland an, also hatten sie in einem Jahr nur einen Kilometer zurückgelegt.

Diese Bauern hatten in ihre Tontöpfe und Schüsseln mit einem Spachtel Linien eingedrückt, die wie Bänder aussehen. Deshalb nennt man diese ersten Ackerbauern und Viehzüchter Bandkeramiker.

### *Die Bandkeramiker*

Die großen Flüsse waren zu jener Zeit Verkehrsleitlinien. Ihrem Lauf folgten die bäuerlichen Siedler und breiteten sich im Laufe von 1 000 Jahren über ganz Mitteldeutschland aus. Die Bandkeramiker zogen die Elbe entlang und folgten dann den Läufen der Mulde, Saale und Unstrut ins Thüringer Becken sowie längs der Bode bis zur Magdeburger Börde. Hier, bei dem Ort Eilsleben, fand man die bisher älteste bandkeramische Siedlung Mitteldeutschlands. In den Jahren 1974 bis 1986 wurde etwa ein Viertel der gesamten Anlage untersucht. Die Eilslebener Bauern wohnten in großen, rechteckigen Häusern, die bis zu 30 Meter lang waren. Diese Langhäuser dienten als Speicher und Wohnhäuser für jeweils eine Großfamilie. Die Bauweise änderte sich in den nachfolgenden Jahrtausenden kaum. Baumstämme wurden senkrecht in die Erde gelassen und durch geflochtene Zweige verbunden. Das Flechtwerk wurde mit Kuhmist, Schilf oder Stroh verdichtet und anschließend mit Lehm beworfen. Die Dächer deckte man ebenfalls mit Stroh oder Schilf. Solche Häuser gab es auf dem Land bis ins 19. Jahrhundert. Sie hatten den Vorteil, dass das Material für ihren Bau ausreichend in der Nähe zu finden war. Im Gegensatz zu den modernen Ziegel- oder Betonwänden regulieren diese Holz-Lehm-Wände nicht nur die Temperatur, sondern auch die Luftfeuchtigkeit, sie „atmen" gewissermaßen. Deshalb wundert es nicht, dass in einigen ländlichen Gegenden heute wieder solche Häuser entstehen.

In Eilsleben fanden die Archäologen, oft nur als Abdruck in Keramikscherben, Hinweise auf Kulturpflanzen wie wilden Weizen, Gerste und Erbsen. Allerdings muss man sich diesen Ackerbau mehr als Gartenbau vorstellen. Die mit Hacken bearbeiteten Flächen waren nicht sehr groß und die Erträge gering. Die Hauptnahrung der Eilslebener Bauern war neben Milch und Käse vor allem Fleisch. Schafe und Ziegen besaßen schon ihre Vorfahren im Vorderen Orient. Auf ihrer fünftausendjährigen Wanderung hatten sie den Auerochsen gezähmt und zum Hausrind veredelt. Erst in Mitteleuropa kam das Schwein dazu. Diese domestizierten Hausschweine hatten allerdings bis in die Neuzeit hinein große Ähnlichkeit mit den Wildschweinen. Sie waren kleiner und vor allem viel magerer als die heutigen Fettschweine. Den in Eilsleben gefundenen Knochen nach zu urteilen, müssen sich die dortigen Bauern aber hauptsächlich von Rindfleisch ernährt haben. Die Jagd, die Fischerei und das Sammeln von Früchten spielten dagegen kaum eine Rolle. In Eilsleben machten die Knochen von gejagtem Wild nur sechs Prozent aus.

Das Auffälligste aber an dieser Eilslebener Siedlung war ein riesiges Befestigungssystem. Das gesamte Dorf umfasste etwa 4 Hektar. Rundherum war es durch Gräben und Wälle gesichert. Immer wieder wurde dieses System erneuert und verbessert. Zum Schluss war der Graben sechs Meter breit und drei Meter tief. Auf der Innenseite war der Wall zusätzlich durch einen geflochtenen Rutenzaun gesichert. Welchen Zweck aber hatte dieses Befestigungssystem?

Gewöhnlich werden solche Graben- und Wallanlagen, die es in Mitteldeutschland zuhauf gibt, in die späte Bronze- und frühe Eisenzeit verlegt. Das liegt daran, dass man dort hauptsächlich Gegenstände aus Metall gefunden hat. Kaum eine dieser Anlagen wurde bisher gründlich untersucht. Bei den meisten wurde nur der Wall angeschnitten. Diese Wälle aber wurden immer wieder erneuert, sodass man heute dort nur Gegenstände der letzten Benutzer aus der Bronze- und Eisenzeit findet. Als Begründung für diese Anlagen wird deshalb irrigerweise angenommen, dass während der Bronze- und Eisenzeit fremde Völker auf der Suche nach neuem Siedlungsgebiet Mitteldeutschland durchstreiften und die einheimischen Bauern auf diesen befestigten Burgen Schutz suchten.

Nach Meinung des Ausgräbers von Eilsleben, Dieter Kaufmann vom Landesmuseum Halle, dienten Wall und Graben dazu, „das Dorf, die Bewohner und deren Haustiere vor Raubtieren und Angriffen durch benachbarte Gemeinschaften zu schützen". An Raubtieren gab es zu jener Zeit in den mitteldeutschen Wäldern Wölfe und Bären. Gegen sie hätte ein großer, stabiler Zaun gereicht. Man hätte sich solch ein riesiges Graben-Wall-System sparen können. Für dessen Errichtung brauchten die Bauern mit den damals primitiven Werkzeugen wahrscheinlich Jahrzehnte. Dieser enorme Aufwand war überlebensnotwendig, sonst hätten sie ihn nicht betrieben. Die Gräben und Wälle müssen also etwas mit den „benachbarten Gemeinschaften" zu tun haben. Allerdings können es keine bäuerlichen Nachbarn gewesen sein. Die Bandkeramiker waren ein friedliches Volk. Waffen wurden in ihren Siedlungen bisher nicht gefunden. Es ist auch schwer vorstellbar, dass die Bauern sich gegenseitig ihre Getreidevorräte oder das Vieh raubten. Sie hatten mit ihrer eigenen Landwirtschaft genug zu tun. Die „benachbarten Gemeinschaften", die Dieter Kaufmann annahm, waren keine Bauern, es waren die Ureinwohner, die Jäger, Fischer und Sammler. Für diese mesolithischen Jäger muss es verlockend gewesen sein, sich bei den Bauern ein Schaf, ein Schwein oder ein Rind zu holen, anstatt durch die Wälder zu streifen und einem wilden Tier hinterherzujagen. Im Gegensatz zu den Bauern besaßen sie noch kein Eigentumsbewusstsein. Das musste zu Auseinandersetzungen führen, in deren Ergebnis solche Befestigungssysteme wie in Eilsleben entstanden.

Bewaffnete Raubüberfälle der Jäger und Sammler belegen zwei Ausgrabungen in Süddeutschland und Österreich. In Thalheim in der Nähe von Stuttgart fand man in einem Massengrab 32 Leichen bandkeramischer Bauern. Ihre Schädel waren mit schweren Gegenständen, wahrscheinlich Keulen, eingeschlagen worden. Sie hatten keinerlei Beigaben, es fehlte auch der sonst übliche am Körper getragene Schmuck. Man hatte sie erschlagen, ausgeraubt und nackt in einen Graben geworfen.

In einem anderen bandkeramischen Dorf, im österreichischen Asparn/Schletz, fand man ebenfalls solch ein Massengrab. Viele der 67 Toten hatten Nagespuren an den Knochen. Man hatte sie erschlagen und einfach liegen lassen, sodass Aasgeier und Wölfe über sie hergefallen waren. Bei 39 dieser angenagten Skelette ließ sich noch Geschlecht und Alter bestimmen. Es waren junge Erwachsene, davon 13 weiblich und 26 männlich. Das deutet darauf hin, dass man einen Teil der jungen Frauen als Beute weggeführt hatte.

Das Verhältnis der umherschweifenden Jäger und Sammler zu den sesshaften Bauern kann aber nicht nur in solchen Überfällen bestanden haben. In Mitteldeutschland weisen nur etwa 2 % der Bandkeramiker Schädelverletzungen auf, die auf Gewalteinwirkung zurückzuführen sind. Man wird hauptsächlich friedlich nebeneinander gelebt haben, vor allem wenn die Bauerndörfer wie in Eilsleben sicher geschützt waren. Etwa 2 000 Jahre dauerte dieses Nebeneinander, und in diesen zwei Jahrtausenden kam man sich allmählich näher, trieb Tauschhandel, lernte sich kennen und heiratete sicher auch untereinander. Die Wirtschaftsform der sesshaften Bauern, die ihnen eine stabile Versorgung sicherte, wird bei den mesolithischen Jägern und Sammlern nicht ohne Wirkung geblieben sein. Bei den Bauern selbst aber hat sich in dieser Zeit wenig verändert. Lediglich die Erfindung des Hakenpfluges, mit dem die Erde aufgeritzt werden konnte, schaffte etwas Erleichterung und trug zur Ertragssteigerung bei. Allerdings konnte er nur auf baumlosem Gelände eingesetzt werden. Auf gerodeten Waldflächen musste man weiter mit der Hacke arbeiten.

Bei ihren Ausgrabungen bandkeramischer Siedlungen bemerkten die Archäologen in bestimmten Regionen, dass sich die Formen der Keramik und die Art ihrer Verzierungen ähnelten. Sie schlossen daraus auf irgendwelche Beziehungen der Bewohner innerhalb dieser Landschaften. Bei Vergleichen mit der Lebensweise von Völkern, die heute noch wie die Bandkeramiker leben, stellte man als gemeinsames Merkmal eine strenge Arbeitsteilung zwischen den Geschlechtern fest. Die Versorgung der Kinder, die Zubereitung der Speisen, das Sammeln von Früchten und auch die Herstellung von Keramik gehörten zu den Aufgaben der Frauen. Auch bei den Bandkeramikern werden die Mütter ihren Töchtern das Töpfern beigebracht haben, und diese trugen ihr Wissen und Können in das nächste Dorf, in das sie verheiratet wurden. So pflanzte sich über Jahrhunderte in weiblicher Linie in einem bestimmten Gebiet die Art und Weise, Keramik zu formen und zu verzieren, fort. Es entstanden Regionen, in denen sich die Schüsseln und Töpfe gleichen oder ähneln und die heute als Kulturkreise bezeichnet werden. Nach den Hauptfundorten nennt man diese Kulturkreise beispielsweise Rössener, Baalberger, Walternienburger oder Salzmünder Kultur. Grundlegend aber unterscheiden sich diese Gruppen nicht, denn alle bauten die gleichen Pflanzen an, hielten das gleiche Vieh und sammelten die gleichen Früchte.

Etwa ab dem Jahre 3000 v. d. Z. verschwanden die bandkeramischen Dörfer, und auch von den Jägern und Sammlern finden sich keine Spuren mehr. Stattdessen erscheint in Mitteldeutschland ein „neues Volk". Es benutzte andere Werkzeuge, wohnte in anderen Behausungen, fertigte andere Keramik, anderen Schmuck und pflegte andere Grabsitten. Es hatte das Pferd gezähmt und gelernt, darauf zu reiten. Es erfand oder übernahm das Rad und den Wagen und benutzte das Rind als Zugtier. Seinen Namen aber hat dieses Volk von dem unwesentlichsten Merkmal seiner Kultur, von der Art, seine Töpfe zu verzieren. In den noch feuchten Ton drückte es Schnüre und wird deshalb als Volk der Schnurkeramiker bezeichnet.

### *Die indogermanische Sprache*

Seit Beginn des 19. Jahrhunderts gibt es die indogermanische Sprachwissenschaft. Als ihr Pionier gilt der Deutsche Franz Bopp. In seinem 1816 erschienenen Buch verglich er die Grammatik und die Wortstämme des Lateinischen, Altgriechischen, Germanischen, Persischen und des altindischen Sanskrit. Dabei stellte er fest, dass diese Sprachen so viele Beziehungen zueinander haben, dass sie auf eine gemeinsame Ursprache zurückgehen müssen. Am deutlichsten wird die Verwandtschaft an solchen Urwörtern wie beispielsweise „Mutter". Sie heißt im Sanskrit „matar", altgriechisch „meter", lateinisch „mater", gotisch „moder", englisch „mother", litauisch „motina", russisch „matj". Auch solche Zahlwörter wie zwei und drei oder die Bezeichnungen für Körperteile wie Knie, Hand, Auge, Zahn und andere zeigen eine große Übereinstimmung in den Wortwurzeln. Diese aus den Vergleichen gewonnenen indogermanischen Wurzelwörter werden, da sie hypothetisch sind, in der schriftlichen Wiedergabe mit einem Stern (*) vor dem Wort gekennzeichnet. Nach Indien und Germanien, den Grenzen dieses Sprachraumes, bezeichnete Franz Bopp diese Ursprache als Indogermanisch. Später fügte er den zuerst untersuchten Sprachen noch das Albanische, Baltische, Slawische und einige inzwischen untergegangene Sprachgruppen, wie das Hethitische, hinzu.

Die Indogermanistik ist inzwischen eine geachtete Wissenschaft, sie wird fast an jeder Universität gelehrt. Da es aber in der Indogermanistik keine Beweise, sondern nur Hypothesen gibt, entstanden fast so viele Theorien wie Lehrstühle. Diese unterschiedlichen Auffassungen betreffen auch den Ursprung des Indogermanischen. Die Mehrzahl der Forscher glaubt heute, dass die ersten Ackerbauern und Viehzüchter, die sich um 10 000 v. d. Z. vom Vorderen Orient aus sternförmig ausbreiteten, die Träger dieser indogermanischen Ursprache waren. Die archäologisch nachgewiesene Verbreitung des Ackerbaus deckt sich nämlich mit der Verbreitung des Indogermanischen. Über den Zeitpunkt der Loslösung und die weitere Entwicklung der einzelnen Sprachgruppen gibt es ebenfalls sehr unterschiedliche Meinungen. Einig sind sich die Indogermanisten nur über das Ende dieser gemeinsamen indogermanischen Ursprache. Am Ausgang der Steinzeit, also etwa um 2000 v. d. Z., müssen bereits unterschiedliche Sprachgruppen vorhanden gewesen sein. In dieser Zeit wurde das Metall entdeckt, und die Worte für Kupfer, Bronze und Eisen haben nichts Gemeinsames mehr.

Seit der Bronzezeit fanden in den einzelnen Sprachgruppen unterschiedliche Lautverschiebungen sowie Betonungsänderungen statt, die eine spürbare Auseinanderentwicklung dieser Gruppen zur Folge hatten. Zudem entstanden nicht nur neue Vor- und Nachsilben, sondern auch neue Worte. Erst in den

Jahrhunderten vor der Zeitrechnung zerfielen diese Sprachgruppen in die Vorformen der verschiedenen Einzelsprachen, wie sie heute noch gesprochen werden.

Die Indogermanisten haben festgestellt, dass die baltischen Sprachen und das Altgriechische sich sehr wenig verändert haben und noch viele indogermanische Wortwurzeln besitzen. Diese Wortstämme finden sich vielfach auch in der Sprache der Flarchheimer Bauern. Aus der Fülle der Beispiele, die Erich Röth in seinen beiden Büchern anführt, seien hier fünf angeführt:

**Lasche** Das Wort Lasche ist ein Hinweis darauf, dass einige Wörter der Flarchheimer Grundsprache auch in anderen Gegenden Thüringens vorkommen. In Sömmerda, das etwa 50 km von Flarchheim entfernt liegt, gibt es ebenfalls das Wort Lasche für den Begriff Prügel, Dresche oder Haue. „Darheeme gibt's Lasche" (Zuhause gibt es Dresche) oder „Die wär' mer verlaschen" (Die werden wir verprügeln). Im Deutschen heißt „lasch" so viel wie schlaff, energielos, und das Wort „Lasche" bezeichnet einen angesetzten Leder- oder Stoffstreifen, die Zunge eines Schnürschuhs und beim Menschen einen Hautfetzen. All das hat mit Prügel oder Schlägen nichts zu tun. Es ist ein völlig anderer Wortstamm. In Flarchheim, so schreibt Erich Röth, „lascht" ein Pferd, wenn es nach hinten ausschlägt. „Lakt-izein" heißt das Ausschlagen des Pferdes im Altgriechischen. Die Haselnussgerte, die man für Peitschenstiele verwendet, nennt man in Flarchheim „Laschrute". Im Altpreußischen, Litauischen und Lettischen aber heißt diese Haselnussgerte „laz(d)a", was nach baltischer Lautverschiebung ein „laschda" voraussetzt. Zugrunde liegt ein indogermanisches „*laq" (schlagen).

**han-** Erich Röth nennt drei Wörter, in denen die Silbe „han" vorkommt: Hanewackel, Hanebalken und Erntehan. Alle drei sind weder im Althochdeutschen noch im Germanischen belegt.

In Hanewackel befinden sich zwei indogermanische Wortstämme, die sich im Altgriechischen und im Baltischen erhalten haben. „Hano“ heißt altgriechisch Schluss, am Ende, und „vakariene“ sagt man in Litauen zum Abendbrot. Hanewackel bezeichnete in Flarchheim das letzte Abendbrot nach Beendigung der Spinnstuben oder am Ende hoher Festtage, wie beispielsweise der Kirmes.

Hanebalken nennt man den Querbalken, der im Dachstuhl die Sparren verbindet. Er hat nichts mit dem Hahn zu tun, der angeblich auf diesem Balken sitzt. Im Hanebalken steckt ebenfalls das altgriechische „hano“. Die Dachsparren mit einem Hanebalken zu verbinden, stammt aus der Zeit, als die Bauernhäuser noch keine Dachböden hatten.

Auch der „Erntehan“ hat nichts mit einem Hahn zu tun. Trotzdem wurde in Unkenntnis der ursprünglichen Bedeutung des Wortes in einigen Gegenden am Schluss der Ernte ein Hahn geschlachtet und gegessen. Der Erntehan war in Flarchheim ein geschmücktes Gebinde aus den letzten Halmen, die von der Sense verschont blieben. Es war das Eigentum der Kornmutter, eine „Heiligung des Letzten“. Später wurde daraus der Erntekranz, der auf dem letzten Getreidefuder mit nach Hause genommen wurde. Der anschließende Ernteschmaus hieß dann „den Erntehan verzehren“. Auch hier findet sich das altgriechische „hano“.

**Diebesstieg** Diebesstiege gibt es überall in Thüringen, Sachsen-Anhalt und Sachsen. In der Flarchheimer Flur beginnt ein „Diwestig“ im Nachbarort Mülverstedt als „Marktweg“. Er führt an Flarchheim vorbei und geht, ohne ein einziges Dorf zu berühren, direkt nach Mühlhausen. Luise Gerbing, die zu Beginn des 20. Jahrhunderts die Flurnamen des Herzogtums Gotha sammelte, entdeckte 26 Diebesstiege.

Angesichts dieser Fülle von Diebesstiegen könnte man meinen, die Hauptbeschäftigung der Bauern hätte früher im Diebstahl bestanden, und in ihrer Dummheit hätten sie ihr Diebesgut auf den Diebesstiegen nach Hause gebracht. Das war natürlich nicht so. Die meisten Diebesstiege, die in den Flurkarten verzeichnet sind, werden mundartlich mit kurzem i („Dibsstiege") ausgesprochen. Die städtischen Landvermesser konnten mit den Worten Dibstieg oder Dypstyg nichts anfangen, und so wurden aus diesen Fernwegen Diebesstiege. In Urkunden aus Flarchheim und Sonneborn werden diese Wege im 14. Jahrhundert noch richtig als Dybstyge bezeichnet. Diesem „Dybstyg" liegt ein indogermanischer Begriff zugrunde, der sich noch im Litauischen und Altslawischen als „dyba" (Stange oder Pfahl) erhalten hat. Die Dybstiege, Diebeswege, sind also Fernwege, deren Verlauf durch Stangen und Pfähle gekennzeichnet wurde. Sie führten bisweilen an Sümpfen und Mooren vorbei oder zeigten bei Nebel und Schnee, wie heute noch im Gebirge, den Verlauf des Weges an.

**Hubbedreenchen** Erich Röth nennt in seinen beiden Büchern auch Wörter, die das Zusammenleben der Bauern und ihrer germanischen Herren belegen. Die Kinder dieser beiden Schichten werden sich wenig um die sozialen Unterschiede gekümmert haben. Beim gemeinsamen Spiel im Frühjahr haben sie sich aus den saftigen Ästen des wilden Flieders oder der Weiden Pfeifen, „Fiepen", geschnitzt. Die germanischen Kinder nannten sie „Hubbe" (woraus später das Wort Hupe entstand), und bei den Bauernkindern hießen diese Pfeifen „Dreenchen" – vom indogermanischen Wort für Jammern und Klagen. Daraus wurde später „Hubbedreenchen" als Bezeichnung für diese Kinderfiepen.

**Pfingstberg** Fast ebenso häufig wie Diebesstiege findet man in ganz Mitteldeutschland die Flurnamen Pfingstberg und Karn. Luise Gerbing hat 18 Flurstücke mit der Vorsilbe Pfingst- gefunden. Sie werden Pfingstrasen, Pfingstgehege, Pfingstwiese oder ähnlich genannt. Der in unmittelbarer Nähe liegende Flurteil trägt oft die Vorsilbe kar-/karr-/karn-, wie in Karrweg, Karnecke oder einfach Karn.

Allen Flurteilen mit der Vorsilbe Pfingst- ist gemeinsam, dass sie bei den Bewohnern der umliegenden Orte jahrhundertelang als Ausflugsziel beliebt waren. Besonders im Frühjahr, vor allem aber zu Pfingsten, fanden dort Volksfeste statt. Trotzdem haben diese Flurstücke nichts mit dem christlichen Pfingsten zu tun, dem Fest, an dem der Heilige Geist in Gestalt einer Taube über die Apostel gekommen sein soll. Die ursprüngliche Bedeutung des Pfingstfestes bei unseren Vorfahren hört sich so unglaublich an, dass an dieser Stelle Erich Röth zitiert sei:

*„In der Mitte zwischen den Dörfern Flarchheim und Heroldishausen liegt beiderseits des Sudbaches das Pfingstfleck, auch aufgeteilt in das Obere Pfingstfleck nördlich und das Untere Pfingstfleck südlich des Bachlaufes. Wie nicht anders zu erwarten, wird im Volk von einem früheren Pfingstfestfeiern an diesem Platze gesprochen, aber auch die Flurnamenforschung kommt über diese volksetymologische Deutung nicht hinaus. Dabei würden schon einige ganz nüchterne Überlegungen die Unmöglichkeit einer solchen Bedeutungserklärung erkennen lassen …*

*… Im Mittelalter und bis in die frühneuhochdeutsche Zeit herein, als selbst die Dörfer befestigt waren und der Grundsatz ‚Schlägst du meinen Bauern, dann schlage ich deinen Bauern' ganz allgemeine Gültigkeit besaß, werden die Bauern kaum weitab ihres Dorfes irgendein Fest gefeiert haben, es sei denn, dieses Pfingstfleck o.ä. läge unmittelbar am Dorfrande, was in unserm Falle aber durchaus nicht zutrifft …*

*Nun aber taucht in der Originalurkunde 3 837 des Sächsischen Landeshauptarchivs vom Jahre 1366 der Flurname Wofeleibis Wiese für ebendiesen Pfingstfleck auf. Allerdings ist er längst wieder untergegangen, und sogar das Flurbuch von 1575 kennt ihn nicht mehr – aber seine Erklärung macht keinerlei Schwierigkeiten. Denn ahd.*

*wof, wuof, mhd. wuof hat die Bedeutung ‚Klage, Jammergeschrei', dazu das Zeitwort ahd. wuofan, mhd. wuofen entsprechend ‚wehklagen, heulen, jammern'. Als zweiter Teil vieler Eigennamen aber bezeichnet ahd. leib, mhd. leip und im Genitiv ahd. leibis, mhd. leibes die ‚Überlebenden, Zurückgelassenen, Übrigbleibenden'. Der Flurname ist also zu übersetzen ‚Wiese der wehklagenden, jammernden Überlebenden'.*

*Es stellt sich sofort die Frage, ob denn auch in diesem Falle einer der im dreizehnten, vierzehnten Jahrhundert oder auch schon früher geradezu krankhaften Verdeutschungsversuche (allein in der gar nicht sehr großen Flarchheimer Gemarkung konnten bis jetzt zwanzig nachgewiesen werden!) eines nicht mehr verstandenen Flurnamens vorliegen könnte. Nehmen wir – wie fast immer – zur Klärung dieser Frage unsere Zuflucht zum Griechischen und zu den baltischen Sprachen, dann treffen wir auf lettisch pinksche (weinerliches Kind), aber auch lettisch pinkschet, das mit ‚kläglich weinen' zu übersetzen ist. Schließen wir unsere Überlegungen an dieses baltische Wort an, dann müssten wir ein der mittelhochdeutschen Übersetzung vorausgehendes Pinkschetplek oder gekürzt Pinkschtplek in der Bedeutung ‚Fleck der kläglich Weinenden' ansetzen. Das aber würde, sprachgesetzlich einwandfrei weiterentwickelt, das noch bis zum Ende des neunzehnten Jahrhunderts so oft gehörte grundsprachliche Fingschtflakk ergeben. Nun fragt man selbstverständlich unwillkürlich, was denn eine Wofeleibis Wiese, was ein Fingschtflakk so weitab jeder Siedlung auszusagen habe.*

*Diese Frage taucht natürlich dort nicht auf, wo das Pfingstfleck oder Pfingstgehege, wo der Pfingstrasen sich in unmittelbarer Nähe des Dorfes befindet, wohl aber in denjenigen Gemarkungen, in denen weite Strecken dazwischenliegen und keine benachbarte urgeschichtliche Siedlung nachweisbar ist. Ein stets unmittelbar danebenliegender Flurteil – der in Thüringen noch sehr viel häufiger als Pfingstfleck o. ä. sich erhalten hat – gibt darüber Auskunft. Er ist in der gleichen Originalurkunde 3 837 als Kern, Retekern, in anderen Landräumen jedoch als Karn überliefert, während er in der Grundsprache Garben ausgesprochen wird, weshalb die Grundbuchämter am Beginn des neunzehnten Jahrhunderts ebenfalls zu Garben zurückgekehrt sind. Die Flurnamenforschung möchte in diesem Flurnamen ein mhd. kurn, kürn, ahd. churn, quirn, altsächsisches quirn und gotisches qairnus erkennen und deutet ihn deshalb als ‚Ort einer Mühle'. Die Besichtigung aber des sich am Nordabhang des Roten Berges vom (östlichen) Fingschtflakk an seinem Fuße bis zur halben Höhe hinaufziehenden Flarchheimer ‚Garben' lässt jedoch deutlich werden, dass hier niemals eine Windmühle und erst recht natürlich keine Wassermühle gestanden haben kann. Mit diesen germanisch-deutschen Wörtern kann der Flurname also nicht in eins gesetzt werden.*

*Offensichtlich liegt wieder einmal eine etwas schiefe Verdeutschung des dreizehnten, vierzehnten Jahrhunderts vor, die sich in Ermangelung klarerer Gleichungen an mhd. caren, karn, ahd. karön (wehklagen, trauern, beklagen), noch erhalten in Karfreitag, anschließt und im Grunde also fast das Gleiche wie der in derselben Urkunde genannte Flurname Wofeleibis Wiese (Wiese der wehklagenden, jammernden Überlebenden) bedeuten würde. Eine solche bedeutungsgleiche Benennung von Örtlichkeiten unmittelbar nebeneinander ist jedoch ausgeschlossen.*

*Überprüfen wir also den grundsprachigen Flurnamen ‚die Garben', der vermutlich zu Kern, Karn zu verdeutschen versucht worden ist! Wir untersuchen wiederum die baltischen Sprachen und finden dort litauisch garbe, garba in der Bedeutung ‚Anbetung, Verehrung, Ruhm, Lobpreisung', während litauisch garbstyti einen ‚ehrenden Nachruf auf einen Verstorbenen' meint und litauisch garbstytoja das ‚Klageweib bei Begräbnissen' bezeichnet. Wiederholen wir also: am Fuße des Roten Berges entlang des Sudbachs das Fingschtflakk (Fleck der kläglich Weinenden) – von ihm ausgehend den Nordhang hinaufziehend eine Ausbuchtung mit dem Namen Die Garben (Platz der Anbetung, Verehrung usw.) …*

*... Die Besichtigung dieses Landschaftsraumes lässt deutlich werden, dass weder das Fingschtflakk noch die Garben zu irgendeiner Zeit Bestattungsplätze gewesen sein können. Klänge es dagegen in unseren Ohren nicht zu grausam, dann würden wir die Feststellung treffen müssen, dass es für einen solchen Kultplatz überhaupt keine idealere Lage gegeben haben könnte: Zu Füßen der Garben war Raum genug für die ‚gläubige Gemeinde' mit den ‚wehklagenden, jammernden und kläglich Weinenden' unmittelbar vor dem Aufgang – in der nicht sehr breiten Garben aber konnte der Priester mit dem Opfer immer höher und höher hinaufsteigen, um auf dem höchsten Absatz die Handlung der ‚Anbetung, Verehrung' durch Darbringung eines Menschenopfers vorzunehmen. Wir müssen uns nur freimachen von dem Gedanken, dass Kulthandlungen der Urzeit mit den Augen eines Menschen heutiger Zeit gesehen werden dürfen ...*

*Aber auch die Sitten und Bräuche, die noch heute vielerorts mit diesem Fest verbunden sind, scheinen die Annahme zu rechtfertigen, dass Pfingsten das uralte illyrische Maienfest gewesen ist, zu dem auch Menschenopfer gehörten, was nur deshalb nicht erkannt wurde, weil der Festtagsname – wenn auch gequält – angeblich aus gotisch paintekuste entwickelt werden kann, was in Wirklichkeit jedoch gar nicht möglich ist."*

## *Der rituelle Kannibalismus*

Bei seinen Ausgrabungen in den Kulthöhlen des Kyffhäusers entdeckte der Archäologe Günther Behm-Blancke, dass Menschenopfer und Kannibalismus während der Bronzezeit üblich waren. In seinem interessanten Buch „Höhlen, Heiligtümer, Kannibalen" beschrieb er ausführlich dieses Phänomen. Erich Röth zeigte durch seine Untersuchung der Flurnamen Pfingstberg und Karnecke, dass solch religiös motivierte Menschenopfer in ganz Mitteldeutschland gang und gäbe waren.

Es fällt heute schwer, sich vorzustellen, dass Menschen bewusst getötet und anschließend verspeist wurden. Hinzu kommt, dass es sich bei den Geopferten nicht um Fremde oder Feinde handelte, sondern um Bewohner des eigenen Dorfes, Mitglieder der eigenen Sippe, deren Tod man als schmerzlich empfand und betrauerte.

Durch seine Untersuchung der Grundsprache konnte Erich Röth auch erkennen, wer diese Opfer waren. In einigen Spielen für Kinder und Jugendliche, so dem „Diggenspiel" oder dem „Kautenschlagen", haben sich uralte Riten erhalten, bei denen die Verlierer als Opfer bestimmt wurden. Dies muss eine sehr frühe Form der Auslese gewesen sein, bei der die Schwächsten ausgesondert wurden, um das Überleben der Sippe zu sichern. So grausam sich das heute anhört, muss es doch für die Entwicklung der Menschheit eine notwendige Phase gewesen sein. Später scheint sich der Charakter des Opfers grundlegend geändert zu haben. In Flarchheim, so fand Erich Röth, opferte man vorzugsweise junge Mädchen. In dem Wort „Fliesuse" sind zwei indogermanische Wortwurzeln erhalten, die ein verängstigtes, weinerliches Mädchen bezeichnen, das sein bevorstehendes qualvolles Schicksal kennt. Der Widerspruch zwischen der bewussten Tötung einer nahen Angehörigen und der Trauer darüber findet sich in zahlreichen Mythen. Das lässt sich gedanklich nur nachvollziehen, wenn man zunächst bedenkt, dass unsere Vorfahren an ein Weiterleben nach dem Tod glaubten. Aber auch diese Tatsache erklärt das Menschenopfer nicht vollständig. Schließlich glauben auch heute noch viele Menschen an ein Jenseits. Keinem Gläubigen aber würde es deshalb einfallen, einen anderen umzubringen, um ihn vorzeitig aus seinem „irdischen Jammertal" zu erlösen. Im Gegenteil, das Töten ist in allen Religionen ein schweres Verbrechen. Das Ende des Menschenopfers und des Kannibalismus wurde deshalb auch von Gott befohlen. In den Sagen vieler Kulturen findet sich eine entsprechende

Geschichte. In der griechischen Mythologie beispielsweise ist es der Sagenkreis um Iphigenie. In der Bibel verbot Gott dem Abraham durch einen Engel, seinen Sohn zu opfern. Auch in der germanischen Mythologie scheint sich das Ende des Kannibalismus in der Grundschicht des Märchens von Hänsel und Gretel erhalten zu haben.

Das Weiterleben des Opfers nach dem Tod ist für die Angehörigen zwar ein Trost, die Trauer und der Schmerz über den Verlust ist aber ebenso gewollt. Das gehört zum Charakter eines Opfers. Noch heute verbindet sich mit dem Begriff „ein Opfer bringen" diese schmerzliche Seite. Um aber diesen Kult annähernd zu verstehen, müsste man sich in die damalige Lebenssituation hineinversetzen können. Das Leben der Menschen war geprägt von einem Gefühl der Ohnmacht und Angst. Erde, Sonne, Mond, Sterne, Wolken, Regen, Blitz, Donner, Schnee – all das war verbunden mit außerirdischen Mächten, mit Geistern und Göttern. Diesen Mächten fühlte man sich hilflos ausgeliefert. Die Naturgewalten waren einmal gut und freundlich, ein anderes Mal aber böse und zürnend. Ob die Früchte auf dem Feld gediehen, ob das Vieh gesund und kräftig heranwuchs oder ob es Missernten, Überschwemmungen und Seuchen gab, hing von ihnen ab. Man musste sich mit ihnen gut stellen, sie besänftigen, sie bestechen, ihnen etwas geben, also opfern. Ihnen Wertloses oder Überflüssiges zu opfern hätte nichts genützt. Je wertvoller das Geschenk, das Opfer, umso wirkungsvoller war es. Die Bibel deutet es an: Abraham soll, so befiehlt es Gott, das opfern, was ihm am liebsten ist. Und das Liebste für Abraham war sein einziger Sohn, sein Erbe.

Besonders eng kam man mit diesen Schicksalsmächten in Verbindung, wenn man sich selbst mit ihnen durch das Opfer verband. Man aß also Teile des Opfers, erst von den geopferten Menschen, später von den Opfertieren. Dieser rituelle Kannibalismus wird übrigens heute noch jeden Tag millionenfach zelebriert. Allerdings nur symbolisch, indem Christen den Leib und das Blut Jesu Christi in Form einer Hostie verspeisen.

## Herrschervölker

### *Die Schnurkeramiker*

Am Ende des 3. Jahrtausends v. d. Z. verschwanden die Bandkeramiker, und Mitteldeutschland wurde, wie erwähnt, scheinbar von völlig anderen Menschen besiedelt. Die Funde, die man diesem „neuen Volk", den Schnurkeramikern, zuordnet, datieren die Archäologen zwischen 2800 und 2200 v. d. Z. In ihren Gräbern wurden auch kleine Töpfe gefunden, die man als Becher deutet, und deshalb werden sie auch als Becher-Leute bezeichnet. Noch wichtiger aber waren für die Ausgräber erstmals in den Gräbern gefundene Beile aus Stein. Sie besaßen eine geschliffene Schneide und waren zur Aufnahme eines Stieles durchbohrt. Durch Experimente hat man versucht, solche Beile mit den damaligen Mitteln nachzumachen. Für das Schleifen der Schneide benötigte man zwei bis drei Tage, das Durchbohren dauerte eine ganze Woche. Wenn so viel Arbeit in diesen Beilen steckt, müssen sie für die Schnurkeramiker einen hohen Wert besessen haben. Einige kleinere Beile, die man in den Gräbern fand, hatten keinerlei Gebrauchsspuren. Man nimmt an, dass sie herausgehobenen Personen als Statussymbol dienten. Größere Beile dagegen waren stark abgenutzt. Es waren Werkzeuge, mit denen man Holz und Knochen bearbeiten konnte. Und höchstwahrscheinlich waren es auch Waffen, sogenannte Streitäxte. Die Zeit der Schnurkeramiker wird deshalb auch als Epoche der Streitaxtkultur bezeichnet.

Diese Kultur war über ganz Europa verbreitet. Sie reichte von der Schweiz bis nach Skandinavien, von Holland bis nach

Griechenland, ins Baltikum und nach Russland. Die russische schnurkeramische Kultur nennt man Fatjanowokultur nach einem Fundplatz bei dem Dorf Fatjanowo bei Jaroslawl. Im Ostseeraum spricht man von der Bootaxtkultur, weil die dortigen Beile die Form von Booten haben, und im Baltikum nennt man die Epoche der Schnurkeramik Haffküstenkultur.

Bis heute gibt es keine einheitliche Meinung darüber, wie diese schnurkeramische Kultur entstand oder woher dieses „Volk" kam. Im Wesentlichen aber gibt es zwei Auffassungen. Die eine besagt, dass die Schnurkeramiker Mitteleuropäer waren. Sie seien aus der Verschmelzung der bandkeramischen Bauern mit den mesolithischen Jägern und Sammlern entstanden. Entstehungs- und Ausgangsgebiet für die spätere Ausbreitung der Schnurkeramiker sei vor allem Mitteldeutschland gewesen. Hier fand man in der Tat eine außergewöhnliche Dichte schnurkeramischer Funde. Sie lassen eine sehr starke, explosionsartige Zunahme der Bevölkerung vermuten. Die andere These besagt, dass die Schnurkeramiker aus dem Osten nach Europa eingewandert seien. Diese These wird auch als Kurgan-Theorie bezeichnet und hat unter den Historikern sehr viele Anhänger. Kurgan heißt im Russischen Grabhügel, und die Sitte der Grabhügel ist tatsächlich im gesamten Gebiet der Schnurkeramiker anzutreffen. Bei den Bandkeramikern wurden die Toten in Gemeinschaftsgräbern beigesetzt, bei den Schnurkeramikern dagegen waren Einzelgräber üblich. Die Toten liegen in Hockerstellung, ihre Gräber sind unterschiedlich tief, und die darüber aufgeschichteten Hügel dementsprechend groß. Diese Kurgan-Theorie stammt von der litauischen Archäologin Marija Gimbutas (1921 – 1994).

Bei einem Besuch Litauens lernte ich die Nestorin der litauischen Frühgeschichte, die Archäologin Rimute Rimantiene, kennen. Zuvor war ich in der archäologischen Abteilung des litauischen Nationalmuseums. Beim Anblick der Vitrinen, in denen die Gegenstände der schnurkeramischen Haffküstenkultur ausgestellt waren, fühlte ich mich wie in den Museen Weimar oder Halle. Vor allem die Keramik und die Beile waren mit den mitteldeutschen fast identisch. Rimute Rimantiene bestätigte meinen optischen Eindruck, auch sie sieht die Heimat der baltischen Schnurkeramiker in Mitteldeutschland. Als ich sie aber nach der Kurgan-Theorie der Marija Gimbutas fragte, lächelte sie. Marija und sie waren Schulfreundinnen, Marija aber ging 1949 mit ihrem Mann in die USA. Dort lehrte sie an der Harvard-Universität und erfand die Kurgan-Theorie. Sie schrieb viele Bücher und wurde weltweit unter den Archäologen bekannt. Auf zahlreichen internationalen Kongressen wurde ihre Theorie erörtert, Gegner und Befürworter hielten sich die Waage. An einem dieser Kongresse nahm auch Rimute Rimantiene teil. Am Abend, so erzählte sie mir, saßen die beiden Schulfreundinnen in der Hotelbar zusammen und Rimute fragte ihre Freundin Marija, warum sie so einen Blödsinn wie diese Kurgan-Theorie erfunden hätte. Da beugte sich Marija zu ihr und sagte leise: „Rimute, meine Liebe, wenn du in Amerika keinen Blödsinn erzählst, brauchst du gar nicht erst anzufangen …"

Beim Zusammenwachsen der bandkeramischen Bauern mit den mesolithischen Jägern und Sammlern müssen die Mesolithiker einen maßgeblichen Einfluss gehabt haben, denn vieles von ihrer Kultur findet sich bei den Schnurkeramikern wieder. Ihre Orts- und Geländenamen, die sich teilweise bis heute erhalten haben, wurden bereits erwähnt. Weiterhin weist der Schmuck vor allem in den schnurkeramischen Frauengräbern auf ein Weiterleben mesolithischer Tradition hin. Dieser Schmuck bestand aus durchbohrten Tierzähnen, meist von Hunden, Wölfen oder Bären, die an eine Kette gereiht um den Hals getragen wurden. Ebenfalls von den Jägern stammt der Hausbau. Lange Zeit nahm man an, dass die Schnurkeramiker ein wanderndes Hirtenvolk gewesen wären, da man von ihnen nur Gräber, aber keine Hausgrundrisse entdeckt hatte. Diese Meinung begünstigte übrigens die Kurgan-Theorie. Die Archäologen suchten bei den Häusern der Schnurkeramiker Pfostenlöcher, wie sie sie von den Langhäusern der Bandkeramiker kannten. Die Schnurkeramiker aber hatten eine ganz andere Art des Hausbaus. Sie war den Zelten der Jäger und Sammler nachempfunden. Ihre Häuser waren Hütten, die aus schräg gegeneinander stehenden Baumstämmen bestanden, ähnlich den heutigen Finnhütten. Im First wurden sie durch den bereits erwähnten Hanebalken zusammengehalten. Diese Dachbalken mussten nicht in den Boden eingelassen werden, hinterließen also auch keine Pfostenlöcher. Solche Hütten waren wesentlich schneller zu errichten als die bandkeramischen Langhäuser, und die Balken konnte man bei Bedarf transportieren. Da sie das Pferd als Reittier gezähmt sowie Rad und Wagen erfunden bzw. übernommen hatten, waren sie äußerst beweglich geworden. Ihre Mobilität war ebenfalls ein Erbe der einst ständig umherstreifenden Jäger und Sammler. Etwa um 2000 v. d. Z. erscheinen in Italien, Griechenland und im Baltikum fremde Volksteile, die die Eingeborenen herrscherlich überlagern. Ebenso fällt in diese Zeit die Eroberung der heutigen Osttürkei und die Gründung des sagenhaften Reiches der Hethiter. Es besteht kein Zweifel, dass all diese Herrschervölker Schnurkeramiker waren. Woher sie ursprünglich kamen, wird wohl mit letzter Sicherheit nicht zu klären sein. Die zahlreichen sprachlichen Parallelen aber zwischen Balten, Griechen, Römern, Hethitern und der Grundsprache der Flarchheimer Bauern, die Erich Röth erkannte, könnten ein Hinweis auf den mitteldeutschen Ursprung dieser Volksteile sein.

Mit den Schnurkeramikern endet die Steinzeit. Mit ihr werden auch erstmalig ausgeprägte Herrschaftssysteme sichtbar. Die Wanderungen und Eroberungen fremder Völker sind ohne strenge hierarchische Gliederung und straffe militärische Ordnung undenkbar. Die Herrschaft dieser Herrenvölker zeigt sich anschaulich in den riesigen Tempelanlagen und Königspalästen, die von den unterworfenen Völkern im Mittelmeerraum errichtet werden mussten.

## *Die Leubinger*

Der zweite große Schritt in der Entwicklung der Menschheit nach der neolithischen Revolution war die Entdeckung des Metalls. Kupfer kannte man zwar bereits seit dem Neolithikum, es wurde aber hauptsächlich zu Schmuck verarbeitet, da es für Werkzeuge zu weich war. Vor allem im Mittelmeerraum stand die Kupferverarbeitung in hoher Blüte. Seinen ursprünglichen Namen „aes cyprium", d. h. Erz von der Insel Zypern, hat es von dem damals wohl bekanntesten Fundort. Erst die Verbindung mit anderen Metallen wie Arsen, Zinn, Zink oder Blei machte das Kupfer zu einem Stoff für Werkzeuge. Aus der Verschmelzung des Kupfers mit Zinn gewann man ein neues Metall, die Bronze, die in ihrer Härte dem Stein gleichkam. Da man im Kaukasus Kupfererz fand, das einen etwa zehnprozentigen Zinnanteil enthielt, nimmt man heute an, dass dort zum ersten Mal Bronze geschmolzen wurde.

Mehr als eintausend Jahre brauchte es, bis die Kenntnis der Bronze nach Mitteldeutschland kam. Die erste Phase der Bronzezeit, die hier etwa ab 2000 v. d. Z. beginnt, wird auch als Leubinger Kultur bezeichnet. Namengebend dafür war ein außergewöhnlich großer Grabhügel zwischen den Dörfern Leubingen und Stödten im Kreis Sömmerda. Im Jahre 1877 wurde dieser Hügel unter der Leitung des damaligen Nestors der mitteldeutschen Frühgeschichte Friedrich Klopffleisch geöffnet, untersucht und wieder aufgeschüttet. So kann man ihn heute noch in voller Größe bewundern. Er ist 18 Meter hoch und misst 34 Meter im Durchmesser. In diesem Hügel befand sich ein Grab, das noch heute Rätsel aufgibt. In einer aus Eichenbohlen errichteten zeltförmigen Kammer lagen ein männliches Skelett und quer darüber das eines etwa 10-jährigen Kindes, dessen Geschlecht nicht bestimmbar war. Neben umfangreichem Goldschmuck, Bronzewaffen und Keramik fand sich auch eine Streitaxt aus Stein. Auf die Totenhütte hatte man eine Vielzahl von Steinen gelegt. Dieses aufwendig errichtete Grab und die reichen Beigaben führten dazu, dass der Tote als Fürst bezeichnet wurde. Ein ähnliches Grab in Helmsdorf nördlich von Eisleben wurde ebenfalls als Fürstengrab bezeichnet. Sieht man sich das Leubinger Grab aber genauer an, so könnte man bezweifeln, dass der Tote nur ein Fürst gewesen ist.

Zunächst fallen die Steine auf, mit denen die Totenhütte zugedeckt war. Sie stammen aus allen Gegenden des Thüringer Beckens, vor allem aus den Randgebirgen. An der Beerdigung und der Errichtung des Hügels müssen demnach Menschen aus allen Gegenden des Thüringer Beckens teilgenommen haben. Alle brachten einen Stein, ein „Stück Heimaterde", mit. So sollte symbolisch ihre Heimat teilhaben an dem, was in Leubingen passierte. Ähnlich werden heute noch beim Erntedankfest symbolisch allerlei Feldfrüchte in die Kirche gebracht und dort gesegnet. Die mitgebrachten Früchte stehen stellvertretend für alle Früchte, für die man sich bei Gott bedankt. Und durch die Segnung bittet man um ein weiteres gutes Jahr ebenfalls für alle Früchte. Eine ähnliche religiöse Symbolik müssen diese Steine gehabt haben.

Auch die eigentlichen Grabbeigaben lassen in dem Toten mehr als einen weltlichen Fürsten vermuten. Ihre Art, ihre Anzahl und ihre Lage haben vor allem einen religiös-symbolischen Wert. Der Goldschmuck in Kopfnähe symbolisiert den persönlichen Reichtum des Toten, seine Vornehmheit. Die anderen Beigaben in Hüfthöhe und zu den Füßen sind Werkzeuge und Waffen. Die Werkzeuge dienen einerseits der Holz- und andererseits der Metallbearbeitung. Diese Werkzeuge und Waffen sind doppelt vorhanden und über Kreuz gelegt. Das Gefäß symbolisiert

Essen und Trinken. Der Leichnam des Kindes, ebenfalls über Kreuz gelegt, ist als pars pro toto das Symbol für Menschen. Der Tote besaß zu Lebzeiten die Macht über die Arbeit, den Krieg, die Nahrung, die Menschen, kurz, über das gesamte Leben. Er war außerdem „von altem Adel", seine Vorfahren waren schon bei den Schnurkeramikern herausragende Leute. Das bedeuten die mitgegebene Streitaxt aus Stein und vor allem die Bauweise der Totenhütte. Sie glich einem schnurkeramischen Zelthaus. Die Bronzeleute waren Einheimische, Nachfahren der mitteldeutschen Schnurkeramiker.

Trifft diese Deutung des Leubinger Grabes zu, dann kann der Tote nicht nur, wie bisher meist angenommen, ein weltlicher Fürst oder Stammeshäuptling einer Militärdemokratie gewesen sein. Er war mehr, er war der Herr über Leben und Tod. Das hört sich zwar gewaltig an, ist aber, gemessen an den damaligen religiösen Vorstellungen, durchaus nachvollziehbar.

Das wichtigste Problem im Leben der Menschen des frühgeschichtlichen Mitteleuropa war der Winter. In welch große Bedrängnis die Menschen in der kalten Jahreszeit kamen, ist für uns heute nur schwer verständlich. Wir drehen heute vor den ersten Minusgraden die Heizung auf, holen die Wintersachen aus dem Schrank und wechseln, wenn wir ein Auto besitzen, die Reifen. Damit hat sich der Winter für uns im Wesentlichen erledigt, alles andere vollzieht sich wie bisher. Damals aber hieß Winter nicht nur Kälte, Schnee und Eis, er bedeutete zugleich lange, dunkle Nächte, Nichtstun und vor allem Hunger. Es begann schon im Spätherbst. Die Tage wurden merklich kürzer, die Nächte länger. Die Blätter fielen von den Bäumen, nackt und kahl starrten sie in den Himmel. Dort zogen, von Stürmen getrieben, drohend dunkle Wolken auf. Noch heute werden viele Menschen melancholisch, und der Gedanke an das Ende, an den Tod drängt sich auf. In dieser Zeit begeht man auch die Feste Allerseelen und Totensonntag. Dann fiel der erste Schnee. In der Natur war nichts Essbares mehr zu finden. Viele wilde Tiere waren verschwunden. Dass sie nur Winterschlaf hielten, war unbekannt. Wie lange die spärlichen Vorräte für Mensch und Vieh reichen würden, überblickte man ebenfalls nicht. Was man aber vor allem nicht wusste: ob es nun immer Winter bleiben würde oder ob irgendwann doch wieder die Sonne Kälte und Schnee vertreiben würde.

Heute planen wir im Winter unseren Sommerurlaub, weil wir die Naturgesetze kennen. Damals aber wussten nur ganz wenige Auserwählte, dass eine gewisse Regelmäßigkeit den Jahresablauf bestimmt, dass es ganz bestimmte Termine im Jahr gibt, an denen sich etwas ändert, an denen die Tage wieder länger werden und die Nächte kürzer. Dieses Wissen um die Sonnenwenden wurde nur mündlich an einen ganz bestimmten kleinen Personenkreis weitergegeben, es war Herrschaftswissen. Astronomisch gebildete Leute galten aber nicht nur als Propheten, die das Ende des Winters vorhersagen konnten. Sie hatten, so glaubte man, auch die Macht, den Winter zu besiegen. Das allerdings konnten sie nicht allein, dazu mussten alle beitragen. Die zahlreichen Frühjahrsfeste, auf denen der Winter durch den Sommer besiegt wurde, sind später von der christlichen Kirche übernommen und mit biblischen Ereignissen belegt worden.

Es beginnt, wie schon im „Tanzwunder von Kölbigk“ geschildert, mit der Wintersonnenwende, mit Weihnachten, der Geburt Jesu, den „zwölf Heiligen Nächten“ vom 24. Dezember bis zum 6. Januar.

Das nächste Fest ist die Mitte zwischen Weihnachten und Ostern, in Mitteleuropa Ende Januar / Anfang Februar, meist der 2. Februar. Anfang Februar scheinen die Tage auch merklich länger zu werden. In manchen katholischen Gegenden, aber auch im Erzgebirge, endet erst an diesem Tag die Weihnachtszeit, und erst dann werden Krippen und Schwibbögen wieder verstaut. In den einzelnen Kulturkreisen hat dieser Tag unterschiedliche Bedeutung, aber alle Bräuche haben etwas mit Licht, Feuer oder Neuanfang zu tun. Früher war auf dem Lande am 2. Februar das Dienstbotenjahr zu Ende, es erfolgte die Lohnauszahlung, man verlängerte den Dienst oder trat eine neue Stellung an. Die christliche Kirche hat auf den 2. Februar Mariä Lichtmess gelegt. An diesem Tag werden Kerzen geweiht. Den biblischen Hintergrund bildet die Geschichte, dass Maria an diesem Tag einem jüdischen Brauch zufolge ihr Kind in den Tempel brachte. Dort wurde es vom Priester Simeon als Messias erkannt, als Erlöser, als Lichtbringer.

Auch der 22. Februar scheint ein wichtiger Tag gewesen zu sein. Die Germanen haben ihn mit ihrem Wettergott Donar in Verbindung gebracht. Viele Bauernregeln besagen, dass die Kälte an diesem Tag einen langen Winter ankündigt. Die Kirche überlagerte ihn mit dem Fest „Petri Stuhlfeier", er hieß deshalb auch Peterstag. In den vergangenen Jahrhunderten galt dieser Tag in vielen ländlichen Gegenden als eigentlicher Frühjahrsanfang und wurde von der Dorfjugend mit den unterschiedlichsten Bräuchen begangen. Später verschob sich dieser Anfang auf den ersten Frühlingsvollmond, auf Ostern.

Anlässlich des Osterfestes schenkt man sich heute noch bemalte Eier, Symbole der Fruchtbarkeit. Am Vorabend zündet man Osterfeuer an, um die Winterkälte zu vertreiben und die Sonne in ihrem Bemühen, die Erde zu erwärmen, zu unterstützen. In allen ländlichen Gegenden gab es um Ostern herum Spektakel, in denen als Sommer und Winter verkleidete Burschen miteinander kämpften, um schließlich den Winter zu besiegen. In der christlichen Kirche galt Ostern, die Auferstehung Christi, als wichtigstes Fest im ganzen Kirchenjahr. Es wird am Sonntag nach dem ersten Frühjahrsvollmond gefeiert. Da aber die Zeit des Vollmondes in jedem Jahr wechselt, gab es im frühen Mittelalter auf Grund unterschiedlicher Kalender heftigen Streit um dieses Datum.

Das wichtigste Frühjahrsfest für unsere Vorfahren aber war Pfingsten. An diesem Tag wurden die ersten Früchte geopfert. Es war der endgültige Sieg des Sommers über den Winter, der Sieg der Fruchtbarkeit, des neuen Lebens über den Tod. Und deshalb wurden, wie bereits geschildert, an diesem Tag auch junge Menschen geopfert und verspeist.

All diese vielen Feiern und Rituale zeigen, wie lebenswichtig das Ende des Winters für unsere Vorfahren war. Der Wechsel der Jahreszeiten hing vom Lauf der Sonne ab. Ihn vorherzusagen, dienten in der Bronzezeit neben den Observatorien auch andere Hilfsmittel. So waren die berühmten Goldhüte mit ihren vielen geheimnisvollen Symbolen eine Art Kalender, mit denen die Eingeweihten über Jahre hinweg die Sonnenwenden vorhersagen konnten. Und auch die kürzlich aufgefundene Nebraer Himmelsscheibe war zu diesem Zweck hergestellt worden.

Aber schon die ersten Ackerbauern hatten Sonnenobservatorien, so die Schalkenburg bei Quenstedt, die Anlage in Goseck (beide etwa 5 000 v. d. Z.) oder der bekannte Steinkreis im englischen Stonehenge (etwa 3000 v. d. Z.). Bei den Gosecker Bauern, deren Siedlung und Friedhof jüngst entdeckt wurden, finden sich allerdings keine Gräber, die durch unterschiedliche Grabgrößen oder besondere Beigaben auf eine Herrenschicht schließen lassen. Die astronomisch gebildeten Bandkeramiker scheinen ihr Wissen noch nicht dafür genutzt zu haben, andere zu beherrschen. Anders bei den Schnurkeramikern und den Bronzeleuten: Bei ihnen müssen die Sternenkundigen ihr Wissen ausgenutzt haben. Sie konnten den Lauf der Sonne nicht nur voraussagen, sondern auch bestimmen. Sie waren Mittler zwischen den Menschen und den göttlichen Gestirnen und damit Herren über Leben und Tod. Nur so lässt sich beispielsweise der ungeheure Aufwand, der bei der Errichtung des Observatoriums in Stonehenge betrieben wurde, annähernd erklären.

In der Nähe des Leubinger Hügels entdeckte man vor kurzem beim Straßenbau eine Siedlung und einen Friedhof aus der Bronzezeit. Darunter war das mit 462 Quadratmetern größte Haus der Thüringer Bronzezeit. An seiner Stirnseite war ein Hort aus rund 100 Bronzebeilen vergraben, ein für damalige Verhältnisse ungeheurer Reichtum. Wahrscheinlich war hier die Residenz dieses „Oberpriesters“. Auf einem in der Nähe liegenden Friedhof fand man dagegen nur beigabenlose oder ganz ärmlich ausgestattete Gräber.

Nach dem Tod des Leubinger Herrschers scheint sich das Zentrum der mitteldeutschen Bronzezeit nach Norden verschoben zu haben. Etwa einhundert Jahre später wurde in Helmsdorf ein ähnlicher Grabhügel errichtet. Die Salzquellen in Artern, (Bad) Frankenhausen und Halle sowie die reichen Kupfervorkommen führten zu einer wirtschaftlichen Blüte im Thüringer Becken und im Mansfelder Land. Bronzehortfunde, wie auch der bekannte aus Dieskau, reich ausgestattete Hügelgräber und im Gegensatz dazu beigabenarme Erdgruben zeugen überall von einer enormen sozialen Differenzierung und der Existenz einer Herrenschicht. Auch die zahlreichen Funde aus dieser Zeit auf befestigten Höhenburgen, wie beispielsweise auf der Schalkenburg bei Quenstedt oder auf dem Kleinen Gegenstein bei Ballenstedt, legen nahe, dass diese Herrenschicht auch außerhalb der bäuerlichen Siedlungen wohnte.

Diese Befestigungen wurden fast alle etwa ab 600 v. d. Z. zerstört oder abgebrannt. Die Gründe dafür sehen die Archäologen im Auftauchen von Waffen aus Eisen, in anderen Grabsitten, anderer Keramik, kurz in der Ankunft eines neuen „Volkes“, der Germanen.

Nach allgemeiner Überzeugung stammt das deutsche Volk von den Germanen ab. Über sie existiert eine Menge unsinniger Vorstellungen. Als im 2. Weltkrieg die ersten deutschen Kriegsgefangenen in die USA gebracht wurden, kamen sie in ein Lager im Inneren des Landes. Die Einheimischen liefen zusammen, um sich diese „Germans" anzuschauen. Sie waren sehr enttäuscht, denn diese Germanen hatten keine Hörner. In Deutschland bestimmt noch heute die Schlacht im Teutoburger Wald und der rassische Unsinn der Nazis das Bild von den Germanen. Demnach waren unsere Vorfahren hochgewachsene, blonde und blauäugige Recken. Wer aber waren die Germanen wirklich? Welchen Anteil haben sie tatsächlich am Volk der Deutschen?

Die Herkunftssagen der germanischen Stämme, so der Goten und Langobarden, berichten, dass ihre Vorfahren einst von der Insel Scanza, also aus Skandinavien, gekommen seien. Diese Sagen wurden jahrhundertelang mündlich weitergegeben und erst sehr spät aufgezeichnet. Dass die Germanen „irgendwoher aus dem Norden" gekommen sein müssen, bestätigen auch die Archäologen. Es ist allerdings nicht Skandinavien, sondern eine Gegend, die vom heutigen Süden Dänemarks über die Elbmündung bis nach Mecklenburg reicht. Sie bezeichnen die Hinterlassenschaft dieser Gruppen als Jastorf-Kultur nach dem Ort Jastorf in Niedersachsen, in dessen Nähe die typischsten Funde gemacht wurden. Zwischen den einzelnen Sippen und Stämmen dieser Jastorf-Leute muss aber ein Zusammenhang bestanden haben, der weit über die üblichen Gemeinsamkeiten, wie etwa gleiche Keramik oder ähnliche Grabsitten, hinausging. So hatten sie unter anderem eine gemeinsame Sprache. Seit etwa 500 v. d. Z. veränderte sich diese Sprache, es vollzog sich die sogenannte germanische Lautverschiebung. Um nur zwei Beispiele zu nennen: Aus indoeuropäischem p wurde germanisch f (*pus

– Fuß), und aus k wurde h (lat. centum, canis – germ. hundert, Hund). Es verschoben sich aber nicht nur die Konsonanten, sondern auch einige Vokale. Außerdem betonten die Germanen seitdem ihre Wörter auf dem Wortstamm, der meist am Anfang lag. Dadurch wurden die oft langen Endungen verschluckt und fielen später ganz weg.

Warum ein großer Teil dieser Jastorf-Leute um 500 v. d. Z. allmählich nach Süden zog, ist noch nicht geklärt. Die Ursachen könnten in einer Klimaänderung, einer Sturmflut oder in den Verlockungen des Südens liegen. Innerhalb von 500 Jahren, also bis zur Zeitenwende, hatten diese Jastorf-Bauernkrieger das gesamte Gebiet des späteren Deutschland erobert. Gegen 250 v. d. Z. kamen sie nach Sachsen-Anhalt und Thüringen. Hier aber trafen sie auf ein seit viertausend Jahren dicht besiedeltes Land. Die Jastorf-Leute unterwarfen die Einheimischen und forderten von ihnen Tribut. Da die Einheimischen ihn weder gern noch freiwillig gaben, mussten die Germanen ihn gewaltsam eintreiben und sich ständig vor dem Zorn der einheimischen Bauern schützen. Das zeigen die Anlagen der germanischen Wehrsiedlungen.

Seit dem 8. Jahrhundert v. d. Z. werden von antiken Schriftstellern erstmalig Bewohner nördlich der Alpen erwähnt. Das aus Südengland stammende Zinn und der Bernstein des Baltikums waren ein begehrtes Importgut und hatten das Interesse der antiken Welt am Norden geweckt. Man besaß nur eine sehr ungenaue Vorstellung von dieser rauen und unwirtlichen Gegend. Im Westen, so nahm man an, wohnten die Kelten, und alle Völker östlich davon hießen Skythen. Das änderte sich erst, als die Römer begannen, das Gebiet nördlich der Alpen militärisch zu erobern. Nun musste man wissen, wen man genau bekämpfen wollte, und vor allem, was da zu holen war. Die ersten ausführlichen Nachrichten über Kelten und Germanen stammen deshalb auch von dem berühmten römischen Feldherrn, Politiker und

Schriftsteller Gaius Julius Caesar (100 – 44 v. d. Z.). Unter seiner Leitung unterwarf das römische Heer die Kelten und Germanen im linksrheinischen Gallien und unternahm zwei Strafexpeditionen in das rechtsrheinische Germanien. Die Schilderung dieser Eroberungszüge war als Rechtfertigung für den Senat in Rom gedacht und bediente größtenteils die römischen Vorurteile über die Barbaren. Eine wahrheitsgetreue Darstellung der damaligen Verhältnisse ist also von Caesar nicht zu erwarten. Vor allem übertrieb er maßlos die Zahl und die Tapferkeit der germanischen Krieger, um seine eigenen militärischen Erfolge herauszustellen.

Anders dagegen verhält es sich mit dem Werk des römischen Schriftsteller Publius Cornelius Tacitus. Um das Jahr 100 n. d. Z. schrieb er seine berühmte „Germania", noch heute eine Art Bibel für alle Germanenforscher. Er selbst war zwar nie in Germanien, aber die Auskünfte, die er sich bei römischen Soldaten und Händlern geholt hatte, sollen nach Meinung der meisten Historiker ziemlich authentisch sein. Tacitus berichtet, dass zu jener Zeit zwischen der Nord- und Ostsee und den Alpen ausschließlich germanische Stämme wohnten. Auch die Archäologen nehmen Tacitus als Grundlage, wenn sie Funde aus dieser Zeit interpretieren. Sämtliche Scherben, Knochen und Hausgrundrisse aus dieser Zeit sind demnach germanisch. An diesem Irrtum aber haben weder Tacitus noch seine Gewährsmänner Schuld. Die römischen Offiziere und Soldaten, von denen Tacitus seine Informationen bezog, hatten es in Germanien ausschließlich mit germanischen Kriegern zu tun. Und die römischen Händler konnten nur Geschäfte mit denen machen, die ihnen etwas bieten konnten, die über Waren oder Sklaven verfügten, also mit der Elite, der germanischen Herrenschicht. Mit den Bauern, der Masse des Volkes, hatten die Römer nichts zu tun. So konnte Tacitus nur einseitig von den Zuständen in Germanien berichten. Dennoch finden sich in der „Germania" Andeutungen, die meist übersehen werden, aus denen sich aber ein genaues Bild rekonstruieren lässt. So schreibt er beispielsweise über den Tagesablauf germanischer Männer:

*„Gleich nach dem Schlaf, den sie sehr häufig bis in den Tag ausdehnen, waschen sie sich, und zwar öfter mit warmem Wasser, da bei ihnen ja die meiste Zeit Winter ist. Nach dem Waschen nehmen sie Essen zu sich; und zwar hat jeder einen Sitz für sich und auch einen eigenen Tisch. Dann gehen sie in Waffen an ihre Beschäftigungen und nicht minder oft zu Gelagen. Tag und Nacht durchzuzechen ist für sie keine Schande …"*

Bei solch einem Leben blieb wenig Zeit, den Wald zu roden, einen Acker zu bestellen, das Korn zu ernten und zu dreschen, Pferde zu versorgen, Kühe zu melken oder Schafe zu scheren. Wovon also ernährten sich die Germanen? Auch die anschließende Bemerkung des Tacitus erklärt dies nicht:

*„Das Übrige, nämlich die häuslichen Dienstleistungen, führen Frau und Kinder des Herrn aus …"*

Unter „häuslichen Dienstleistungen" könnte man sich solche Arbeiten vorstellen wie Essen kochen, Met brauen, Fladen backen, Käse herstellen, Kleidung nähen, den Garten besorgen.

Wer aber lieferte ihnen die Lebensmittel? Tacitus deutet es an, und zwar an der Stelle, wo er etwas über die Sklaven der Germanen schreibt. Angeblich würden sich die Germanen, wenn sie beim Würfelspiel verloren hätten, freiwillig in die Sklaverei verkaufen lassen. Dieser Unsinn wird oft kommentiert. Dabei übersieht man leicht die beiden nächsten Sätze. Die aber lauten:

*„Die anderen Sklaven verwenden sie nicht wie wir, indem die Aufgaben unter dem Gesinde aufgeteilt sind, sondern jeder schaltet auf dem eigenen Hof, am eigenen Herd. Eine bestimmte Menge an Getreide, an Vieh und an Tuch erlegt der Herr ihm wie einem Pächter auf."*

Die Germanen hatten also die eingesessenen Bauern zu Pächtern gemacht und ließen sich von ihnen versorgen. Die aber werden versucht haben, die Abgaben zu verweigern und Widerstand zu leisten. Ein Beispiel dafür schildert der römische Offizier und Geschichtsschreiber Ammianus Marcellinus (325 – 391 n. d. Z.). Bei den Kämpfen im Donauraum schreibt er über den zu jener Zeit dort siedelnden Stamm der Sarmaten:

*„Nach der Regelung dieser Angelegenheit wandte man seine Sorgfalt den Sarmaten zu, die mehr Mitleid als Zorn verdienten ... Mächtig und ruhmvoll waren einst dieses Landes Bewohner gewesen, aber ihre Sklaven bewaffneten sich in einer geheimen Verschwörung zu einem treulosen Aufstande. Und da ja das ganze Recht bei den Barbaren gewöhnlich auf der Stärke beruht, besiegten diese ihre Herren, denn sie waren ihnen an Wildheit gleich, an Zahl jedoch überlegen. Die Herren flohen zu den weit entfernt wohnenden Victohalen (vermutlich in Böhmen ansässiger Germanenstamm – R. A.) im Glauben, es sei wünschenswerter, fremden Beschützern willfährig zu sein, als den eigenen Sklaven zu dienen."*

Die Germanen waren fraglos ein hochgerüstetes Volk, das seine Siedlungen aus Furcht vor den einheimischen Bauern stark befestigte. Ein gutes Beispiel dafür sieht man in der Funkenburg, einer germanischen Wehrsiedlung bei dem thüringischen Dorf Westgreußen. Sie liegt auf einem Bergsporn über dem Tal der Helbe. Nach drei Seiten fällt die Burg steil ab. Im Nordwesten, wo sich eine ebene Hochfläche anschließt, befand sich eine abgeteilte Vorburg. Vier Meter tiefe Gräben und ein ebenso hoher Wall mit einem Zaun aus angespitzten Pfählen sicherten die Zugangsseite. Das Imposanteste aber ist ein weithin sichtbarer, etwa fünf Meter hoher Wachturm. Die ganze Anlage wurde in den letzten Jahren vollständig ausgegraben und sachkundig rekonstruiert. So sieht man jetzt einige kleine Häuser, Speicher und Vorratsgruben. Man schätzt, dass die Funkenburg für etwa 100 Bewohner Platz bot. Zentrum dieser Wehrsiedlung war ein 14 x 8 Meter großes Haus mit einem freien Platz davor. Nichts deutet auf Landwirtschaft, die Germanen konnten hier lediglich wohnen, Vorräte lagern und, wie die Reste einiger Öfen andeuten, die ihnen gelieferten Lebensmittel verarbeiten. Die aber kamen von den alteingesessenen Bauern, die in den Dörfern rings um die Funkenburg im Tal der Helbe wohnten. Dort fand man einige Hausgrundrisse aus jener Zeit und nahm an, dass die Funkenburg für diese „germanischen Bauern“ lediglich die Fluchtburg in Gefahrenzeiten gewesen sei. Dem widerspricht aber, dass die Funkenburg während ihres Bestehens ständig bewohnt war und außerdem für feindliche Heerscharen leicht zu erobern gewesen wäre. Die einzig sinnvolle Erklärung für das Nebeneinander der unbefestigten Dörfer im Tal und der Wehrsiedlung auf dem Hügel besteht darin, in der Funkenburg einen germanischen Herrensitz zu sehen, dessen Bewohner von den Bauern im Tal versorgt werden mussten. Das könnte auch der Name Funkenburg besagen, denn das althochdeutsche „fundi“ bedeutet Speicher oder Vorratsplatz. Diese germanische Wehrsiedlung bestand etwa 250 Jahre lang, von 200 v. d. Z. bis etwa 50 n. d. Z. Nichts deutet auf eine gewaltsame Zerstörung hin, also werden die Bewohner entweder in die umliegenden Dörfer gezogen sein und sich mit der einheimischen Bevölkerung vermischt haben oder ihre Sachen gepackt haben und weiter nach Süden gezogen sein. Dort nämlich wohnte ein anderes „Volk“, die Gallier oder Kelten. Händler hatten berichtet, dass das Leben bei ihnen sehr angenehm sei. Die Waren, die sie von dort mitbrachten, herrlicher Schmuck, glatte Keramik sowie ungewöhnlich scharfe Schwerter und Beile, schienen das zu bestätigen. Die Germanen auf der Funkenburg könnten sich aber auch, wie es von anderen Germanen berichtet wird, den Markomannen, dem damals bekanntesten und mächtigsten Germanenstamm, angeschlossen haben und nach Böhmen gezogen sein.

Zur gleichen Zeit, als die Germanen die Funkenburg verließen, zogen die Kelten aus ihrer Siedlung auf dem Kleinen Gleichberg bei Römhild ab. Beim Anblick dieser imposanten Anlage am Südrand des Thüringer Waldes glaubt man, eines der sieben Weltwunder zu erblicken. Vom Tal zwischen Großem und Kleinem Gleichberg steigt man etwa einen Kilometer eine mäßige Steigung bergauf und erreicht zunächst die Reste eines Außenwalls. Er zieht sich um das gesamte „oppidum", wie solch eine stadtartige Burg der Kelten genannt wird, herum. Die gesamte Burgfläche umfasst 68 Hektar. Allerdings braucht man viel Phantasie, um in der riesigen Menge der Basaltbrocken, die sich kilometerweit in mehreren Abschnitten um den Berg herumziehen, ein ausgeklügeltes Befestigungssystem zu erkennen. Direkt hinter dem Außenwall lagen die Häuser der Handwerker, denn dort fand man zahlreiche Metallgegenstände und Werkzeuge. Ein großer Teil dieser Funde ist im Steinsburgmuseum am Fuße der Gleichberge zu besichtigen. Dieses Museum wurde im Jahre 1929 von einem Römhilder, der nach Amerika ausgewandert und dort zu Reichtum gekommen war, gestiftet. Der erste Direktor, der berühmte Thüringer Archäologe Alfred Götze, sorgte dafür, dass die dortigen Steinbrucharbeiten beendet wurden und so die größte Keltenburg Mitteldeutschlands erhalten blieb. Bei dem ungeheuren Aufwand, der für den Bau dieser Anlage nötig war, denkt man unwillkürlich an die ägyptischen Pyramiden. Es wohnten aber nur wenige Menschen in dieser Keltenburg. Wer also baute dieses gigantische System?

Eine Antwort liegt wahrscheinlich einige Kilometer unterhalb der Steinsburg bei den Dörfern Jüchsen, Henfstädt und Herpf. Dort wurden Bauernsiedlungen ausgegraben, Ställe, Scheunen und Wohnhäuser. Auf der Steinsburg selbst war keine Landwirtschaft möglich. Jüchsen, Henfstädt und Herpf waren

Versorgungsdörfer der Steinsburg. Die anderen Dörfer, aus denen die Steinsburg-Kelten ihre Lebensmittel bezogen, müssen noch entdeckt werden.

Kelten und Germanen besaßen wahrscheinlich eine zum Verwechseln ähnliche soziale Struktur, sodass Caesar oft germanische Stämme als Kelten bezeichnete und umgekehrt. An der Spitze stand ein Adel, der seine Macht aus geheim gehaltenem Herrschaftswissen bezog. Caesar beschreibt das so:

*„In ganz Gallien gibt es nur zwei Klassen von Männern, die an einigermaßen hervorragender und ehrenvoller Stelle stehen. Denn die untere Volksschicht wird fast wie Sklaven behandelt; sie wagt nicht, selbständig zu handeln, und wird zu keiner Beratung hinzugezogen. … Von den erwähnten zwei Klassen ist die eine die der Druiden, die andere die der Ritter. Den Druiden obliegen die Angelegenheiten des Kultus, sie richten die öffentlichen und privaten Opfer aus und interpretieren die religiösen Vorschriften. Eine große Zahl von jungen Männern sammelt sich bei ihnen zum Unterricht, und sie stehen bei den Galliern in großen Ehren. … An der Spitze aller Druiden steht ein Mann, der den höchsten Einfluss unter ihnen genießt. Stirbt er, so folgt ihm entweder der nach, der unter den Übrigen das höchste Ansehen besitzt, oder aber sein Nachfolger wird von den Druiden gewählt, wenn mehrere gleich hohes Ansehen besitzen. Nicht selten wird dann jedoch auch mit Waffen um die leitende Stelle gekämpft.*

*… Die Druiden nehmen in der Regel nicht am Krieg teil und zahlen auch nicht wie die Übrigen Steuern. Sie leisten keinen Kriegsdienst und sind auf jedem Gebiet von der Abgabepflicht ausgenommen. Diese großen Vergünstigungen veranlassen viele, sich aus freien Stücken in ihre Lehre einweihen zu lassen, oder ihre Eltern und Verwandten schicken sie zu den Druiden. Wie es heißt, lernen sie dort eine große Zahl von Versen auswendig. Daher bleiben einige 20 Jahre lang im Unterricht. Sie halten es für Frevel, diese Dinge aufzuschreiben, obgleich sie in fast allen übrigen Dingen im*

*öffentlichen und privaten Bereich die griechische Schrift benutzen. Wie mir scheint, haben sie das aus zwei Gründen so geregelt: Zum einen wollen sie nicht, dass ihre Lehre allgemein bekannt wird, zum andern wollen sie verhindern, dass die Lernenden sich auf das Geschriebene verlassen und ihr Gedächtnis weniger üben. Denn in der Regel geschieht es, dass die meisten im Vertrauen auf Geschriebenes in der Genauigkeit beim Auswendiglernen und in ihrer Gedächtnisleistung nachlassen. Der Kernpunkt ihrer Lehre ist, dass die Seele nach dem Tod nicht untergehe, sondern von einem Körper in den anderen wandere. Da so die Angst vor dem Tod bedeutungslos wird, spornt das ihrer Meinung nach die Tapferkeit ganz besonders an. Sie stellen außerdem häufig Erörterungen an über die Gestirne und ihre Bahn, über die Größe der Welt und des Erdkreises, über die Natur der Dinge, über die Macht und Gewalt der unsterblichen Götter und vermitteln dies alles der Jugend.“*

Die ersten Gegenstände aus Eisen erscheinen in Europa um 800 v. d. Z. Zentrum der Eisenverarbeitung war zunächst Südeuropa. Von dort breitete sich die Kenntnis der Eisenverarbeitung innerhalb von 400 Jahren langsam nach Norden aus. Die ältere Eisenzeit wird, wie schon erwähnt, als Hallstatt-Kultur bezeichnet, die jüngere als La-Tène-Zeit. Die sich selbst als Kelten bezeichnenden La-Tène-Leute besiedelten bis zur Zeitenwende ein Gebiet, das von Nordfrankreich über die Schweiz, Österreich und Süddeutschland bis zum Thüringer Wald reichte. Die Kelten müssen sehr geschickte Handwerker gewesen sein, denn ihre Produkte, wie eiserne Waffen und Werkzeuge, ihr kunstvoll gearbeiteter Schmuck sowie die auf Drehscheiben gefertigte Keramik waren im Norden sehr begehrt. Der griechische Geograf Klaudius Ptolemäus (85 – 165 n. d. Z.) nennt in seiner Erdbeschreibung mehrere überregionale Handelswege, die in Nord-Süd-Richtung verliefen. Ein westlicher verlief am Rhein entlang, auf ihm wurde wahrscheinlich das in Südengland geförderte Zinn transportiert. Ein östlicher Weg, auf dem der baltische Bernstein in die antike Welt kam, berührte Calisia (Kalisz), den ältesten Ort Polens. Ein mittlerer Strang führte von Passau nach Norden zur Wesermündung. Dabei streifte er einen Ort namens Canduum. Höchstwahrscheinlich ist damit das Oppidum auf dem Kleinen Gleichberg gemeint. Auf diesem Weg also kamen die keltischen Produkte in den Norden. Hochwertige Produkte aber üben noch heute auf einfache Menschen einen gewissen Sog aus. Die Germanen zogen diesen Produkten entgegen in Richtung Süden. Die Kelten wichen dem doppelten Druck der Germanen vom Norden und dem der Römer vom südwestlichen Gallien aus und verstreuten sich in viele Richtungen. Einige Volksteile zogen auf die britischen Inseln, wo ihre Nachfahren noch heute Reste ihrer Sprache und Kultur bewahrt haben. Eine andere Spur von ihnen findet sich in Kleinasien. Der Apostel Paulus nämlich schrieb einige Briefe an die Galater – das waren aus Gallien stammende Kelten.

### *Die Römer*

Die ersten Jahrhunderte nach der Zeitenwende bezeichnet man auch in Mitteldeutschland als Römische Kaiserzeit. Die Römer hatten versucht, die Grenze ihres Reiches bis an die Elbe zu verlegen. Unter ihren Feldherren Drusus und Ahenobarbus gelangten römische Legionen kurz vor der Zeitenwende an die Ufer dieses Flusses. Da Mainz, das römische Heerlager Mogontiacum, ihr Ausgangspunkt war, nimmt man an, dass ihr Weg durch die Wetterau, das Thüringer Becken und das Saaletal führte. In der Gegend der Saalemündung sollen sie die Elbe erreicht haben. Als Einwohner Mitteldeutschlands werden von römischen Schriftstellern die Hermunduren genannt. Es wird berichtet, dass die Hermunduren beim Anrücken der römischen Legionen die Elbe überschritten haben sollen. Sie müssen demnach vorher links der Elbe im Saale-Unstrut-Gebiet gewohnt haben. Später, so heißt es, habe der römische Feldherr Ahenobarbus den Hermunduren

Siedlungsgebiet an der Donau zugewiesen. Dort seien sie friedliche Nachbarn der Römer gewesen und sollen mit ihnen rege Handelsbeziehungen unterhalten haben.

Im Jahre 58 n. d. Z. kämpften nach Tacitus die Hermunduren gegen die Chatten um den Besitz von Salzquellen. Der Fluss, an dem die Schlacht stattfand, soll die Grenze zwischen Chatten und Hermunduren gewesen sein. Die siegreichen Hermunduren opferten die unterlegenen Chatten ihren Göttern. Die meisten Historiker verlegen diese Schlacht in die Gegend von (Bad) Salzungen an der Werra, da später die Werra die Grenze zwischen Thüringen und Hessen war. Das muss aber nicht stimmen, denn solch kleine Flüsse wie die Werra wurden erst durch die karolingischen Markscheider im 8./9. Jahrhundert zu Grenzen. Vorher waren schmale Flüsse und deren Täler in sich geschlossene Siedlungsgebiete. In Mitteldeutschland gibt es dagegen zahlreiche Flurnamen mit der Vorsilbe Katten-, Katzen-. Sie lassen vermuten, dass sich hinter diesen Namen Stammesteile der Chatten verbergen, und das hieße, dass die Grenze zwischen Chatten und Hermunduren sehr viel weiter östlich gelegen haben könnte. Es gibt in Thüringen und Sachsen-Anhalt mehrere Orte mit Salzquellen, so (Bad) Langensalza, (Bad) Frankenhausen oder Artern. Es gibt aber nur einen Ort, der an einem Fluss liegt, der damals auf Grund seiner Breite eine Grenze gebildet haben könnte: Halle an der Saale.

Die römischen Berichte über die Eroberungszüge zur Elbe sind aber geografisch so ungenau, dass man sowohl Hermunduren, Chatten, Cherusker oder namentlich nicht bekannte Teile des Großstammes der Sueben als Einwohner Mitteldeutschlands betrachten könnte. Was man jedoch deutlich aus diesen Quellen herausliest, ist eine auffällig starke soziale Gliederung bei den germanischen Stämmen. An ihrer Spitze stehen Leute, die von den Römern als Könige oder Fürsten bezeichnet werden. Die bekanntesten sind der Cheruskerfürst Arminius, sein Schwiegervater Segestes, der Markomannenkönig Marbod, der Gotenfürst Katualda oder der Hermundurenführer Vibilius.

Auch in den Grabanlagen dieser Zeit spiegeln sich die großen sozialen Unterschiede wider. Es gibt Gräber mit außerordentlich reichen Beigaben wie goldenen Fibeln, Halsringen und Fingerringen, aber auch mit römischen Importgegenständen wie Goldmünzen, Bronzegeschirr, Gläsern oder Keramik. Silberne Sporen sind Zeichen für Reiter, und kleine silberne Pfeilspitzen sowie Brettspiele geben Hinweise auf die Freizeitgestaltung. Solche „Fürstengräber" fand man bisher in Frienstedt bei Erfurt, Haßleben im Kreis Sömmerda, Leuna bei Merseburg, Gommern bei Magdeburg, Emersleben im Kreis Halberstadt und Flurstedt bei Apolda. In Haarhausen bei Arnstadt entdeckte man eine für damalige Verhältnisse riesige Töpferwerkstatt, die nach römischer Technologie hochwertige Massenware herstellte. Die zuerst entdeckten Fürstengräber in Haßleben und Leuna gaben der Herrenschicht Mitteldeutschlands den Namen: die Haßleben-Leuna-Gruppe. Die engen Beziehungen dieser Schicht zum römischen Reich zeigt auch der vergrabene Silberschatz bei Großbodungen im Eichsfeld. Der im Jahre 1936 zufällig beim Kartoffelhacken entdeckte Schatz enthielt 21 Goldmünzen sowie mehrere zerhackte kostbare Silbergefäße. Wahrscheinlich wurde er von einem germanischen Heerführer entweder als Beutegut oder als Sold in die Heimat gebracht. Da die zuletzt geprägte Münze vom Kaiser Konstantin III. (407 – 411) stammt, muss dieser Schatz am Beginn des 5. Jahrhunderts zu einer für den Besitzer gefährlichen Zeit vergraben worden sein. Gefährlich wurde es für ihn, als neue germanische Herrenschichten Mitteldeutschland eroberten. Es waren Stammesteile der Angeln, Warnen und Sachsen.

Angeln, Warnen und Sachsen gehörten zum Kultverband der Ingwäonen. Ihre ursprünglichen Siedlungsgebiete lagen im Süden Dänemarks, an der Nordseeküste und in Mecklenburg. Im 3./4. Jahrhundert brachen Teile von ihnen nach Süden auf. Nachdem sie das gesamte Gebiet Mitteldeutschlands erobert hatten, ließen sich die einzelnen Sippen an siedlungsgünstigen Orten nieder. Viele ihrer Ortsnamen enden auf -leben oder -ingen/-ungen und enthalten meist die Namen der Sippenältesten, die in ihren Volksrechten als „Adalingi" bezeichnet werden. Sie selbst nannten sich T(h)oringi, was wahrscheinlich Nachkommen ihres Gottes Thor bedeutet. An ihrer Spitze stand eine Königsfamilie. Die Namen der Könige tauchen in etlichen zeitgenössischen Quellen auf, sie waren also damals bekannt, und das zeigt, wie bedeutend dieses Thüringer Königreich war. Das Amt des Hauptkönigs wurde an den ältesten Sohn vererbt. Die Oberhäupter der Sippen trafen sich regelmäßig zum Thing auf der Tretenburg, einer Wallanlage bei Gebesee, unweit der Mündung der Gera in die Unstrut. Das in den Jahren 802/803 aufgezeichnete Stammesrecht der Thüringer trägt die Überschrift „Lex Angliorum et Werinorum, hoc est Thuringorum", das Gesetz der Angeln und Warnen, das heißt der Thüringer. Dieses Volksrecht enthält in seinem ersten Teil alte Vorschriften aus der Thüringerzeit. Es stellt ein voll ausgearbeitetes Rechtssystem dar und zeigt eine straffe soziale Gliederung des Volkes. Als Strafe für die Tötung eines Menschen musste der Mörder das sogenannte Wergeld zahlen. Es betrug für einen ermordeten Adligen 600, für einen Freien 200 und für einen „Servus" 30 Solidi. Ähnlich abgestuft waren die Bußen bei Körperverletzungen.

Zu den heute noch bekannten etwa 300 -leben- und -ingen-/-ungen-Orten der adligen Grundbesitzer kommen noch zahlreiche andere Adelshöfe, die durch Archäologen entdeckt wurden, so etwa Weimar, Mühlhausen, Stößen oder Großörner. Die Gefolgsleute dieser Adligen, ihre Verwandten sowie Kollaborateure aus der einstigen hermundurischen Herrenschicht werden die Freien gewesen sein. Adlige und Freie waren Waffenträger, die übergroße Mehrheit der Einwohner aber waren die waffenlosen „Servi", die seit Jahrtausenden dort lebenden einheimischen Bauern. Für sie wird sich mit der Ankunft der Thüringer Herrenschicht wenig geändert haben.

## *Die Franken*

Ebenso wenig wird die Bauern der Machtwechsel im Jahre 531 berührt haben. In diesem Jahr, so berichtet der fränkische Bischof Gregor von Tours, überfielen die fränkischen Könige Theuderich und Chlothar I. das Thüringer Königreich. Der Königshof ging in Flammen auf, und das Aufgebot der Thüringer erlitt in kurzer Zeit eine totale Niederlage. Das erklärt sich nur dadurch, dass das thüringische Heer ausschließlich aus der relativ dünnen Oberschicht der Waffenträger, den Adligen und Freien, bestand.

Die Franken durchzogen während ihres mehrmonatigen Aufenthaltes im Jahre 531 ganz Mittel- und Norddeutschland und demonstrierten damit auch den Bauern, die sie während dieser Zeit verpflegen mussten, die neuen Machtverhältnisse. Nach einem Aufstand der mittlerweile herangewachsenen Söhne der thüringisch-sächsischen Oberschicht in den Jahren 555/56 an der oben bereits erwähnten „Nablis", der von Chlothar I. blutig niedergeschlagen wurde, überzogen die Franken das Gebiet des ehemaligen Thüringer Reiches mit einem dichten Netz von Wachstationen. Das sind unter anderem die -heim- und -hausen-Orte. Die Franken erhoben Tribute in Form von Rindern und Schweinen, die jährlich zu liefern waren. Die untere Verwaltung ließen die Franken in den Händen Einheimischer, sodass die bisherige soziale Gliederung erhalten blieb. Nach dem fränkischen Staatsputsch der Karolinger fand auch in Mitteldeutschland ein Wechsel innerhalb des fränkischen Dienstadels statt. Bisher bestand dieser Adel aus Anhängern des merowingischen Königshauses, in Mitteldeutschland vor allem aus Angehörigen und Freunden der Sippe des Thüringer Herzogs Heden. Beim Austausch der fränkischen Elite könnten auch mit Hilfe des einflussreichen Missionars Winfrid-Bonifatius Nachfahren des altthüringischen Adels in die fränkische Hierarchie aufgestiegen sein. Unter den fünf „Getreuen" Asolf, Albold, Wilhar, Godolah und Gunthar, die in einem Bonifatiusbrief erwähnt werden, scheinen auch Thüringer gewesen zu sein, denn diese Namen kommen auch in -leben- und -ingen-Orten vor. Ebenfalls müssen thüringische Adlige an der Niederschrift des Volksrechts der Thüringer im Jahre 802 beteiligt gewesen sein, wie die alten Bestandteile der Rechtsaufzeichnung und einige Namen der Verfasser vermuten lassen.

Im Zuge des Elitenwechsels schickte Karl der Große am Ende des 8. Jahrhunderts Markscheider nach Mitteldeutschland, die das inzwischen vom Adel privatisierte Königsgut vermessen und zurückführen sollten. Das hatte neben einer Rebellion fränkisch-thüringischer Adliger unter Führung eines gewissen Hardrad auch eine gewaltige Schenkungswut an die Klöster Hersfeld und Fulda zur Folge. Viele Adlige vermachten den beiden Klöstern ihren gesamten Besitz, behielten jedoch ein lebenslanges Nutzungsrecht. Damit kamen sie einer Enteignung zuvor. Am Ende der Regierungszeit Karls war die Feudalisierung in Mitteldeutschland abgeschlossen. Das gesamte Land gehörte dem fränkischen König, den Klöstern Hersfeld und Fulda sowie einigen wenigen Adligen. So jedenfalls liest man es in den Urkunden.

Dieser Besitzwechsel war für die Bauern allerdings nur ein formaler Akt, denn für sie hatte sich wiederum nichts geändert.

Dem Besitzer nützte nämlich das Land nichts, wenn es nicht bestellt wurde. Den Bauern aber konnte es egal sein, wer von ihnen Abgaben und Fron forderte. Auf der Grundlage dieser sozialen Ordnung wurde im Jahre 919 das Deutsche Reich gegründet.

## Elite, Volk und Heilige Lanzen

Ob es in der Geschichte der Menschheit je einen Urkommunismus gab, ist zu bezweifeln. Völkerkundler haben in Gemeinschaften, die noch heute auf der Stufe der Jäger und Sammler lebten, festgestellt, dass es auch bei ihnen soziale Unterschiede gab. Sippenälteste, Häuptlinge und Schamanen waren privilegiert. Sie besaßen mehr Frauen als andere und erhielten die größten und besten Stücke der Nahrung. Allerdings achteten sie darauf, dass alle genügend bekamen, denn ihr eigenes Überleben war von dem ihrer Sippe abhängig.

Sind soziale Unterschiede, ist Herrschaft vielleicht ein biologisches Rudiment, tief verwurzelt in unseren Genen? In der Tierwelt ist es zum Überleben einer Art notwendig, dass sich nur die Stärkeren durchsetzen, dass nur sie sich fortpflanzen. Die Männchen liefern sich deshalb in der Brunstzeit erbitterte Kämpfe. Da sich der Mensch aus dem Tierreich entwickelt hat, könnte er diese überflüssige Eigenschaft, wie etwa auch den Blinddarm oder die Fußzehen, mitgeschleppt haben. Wie anders sollte man es sich erklären, dass der Wille, andere zu beherrschen, wie ein Virus die gesamte Gesellschaft infiziert hat? Herrschaft gibt es in vielen Familien in der Herrschaft des Mannes über die Frau, der Eltern über die Kinder, der größeren Geschwister über die kleinen. Herrschaft gibt es in der Schule, am Arbeitsplatz, in der Armee, in jeder Gruppe. Nicht jede Form des Herrschens aber ist ungerecht oder sinnlos.

Die Herrschaft bei den Jägern und Sammlern beispielsweise war sinnvoll und gerecht, da sie dem Wohl aller diente. Häuptlinge und Schamanen hatten eine wichtige Funktion. Sie besaßen Kenntnisse und Erfahrungen, die sie von ihren Vorfahren ererbt oder im Laufe ihres Lebens gesammelt hatten und die der ganzen Sippe nützten. Die Häuptlinge zeichneten sich durch körperliche Stärke oder taktische Begabung aus. Das war wichtig bei Auseinandersetzungen mit anderen Gruppen. Priester und Schamanen dagegen verfügten über medizinisches Wissen, das ebenfalls durch viele Generationen überliefert war. Vor allem aber bestand ihre Aufgabe in der Deutung der Natur und des Lebens. Gemäß damaligem Wissen geschah das in Form von Animismus und Magie. Das war keine Scharlatanerie, keine „Heilige Lanze", womit sie ihre Mitmenschen betrogen, um sich Vorteile zu verschaffen. Priester und Schamanen benutzten Animismus und Magie, um die vielfältigen Erscheinungen ihrer Umwelt zu erklären und sich und ihren Clan in die fremd und feindlich empfundene Natur einzuordnen. Gerechte Herrschaft lässt sich erklären und verstehen. Ungerechte dagegen nicht, sie braucht „Heilige Lanzen".

Ungerecht aber wurde Herrschaft erst, als der Vorteil der einen auf dem Nachteil der anderen beruhte. Diese Art von Herrschaft setzte ein Mehrprodukt voraus und entstand erst bei den neolithischen Bauern. Der Überschuss an Nahrung machte es möglich, dass Mitglieder der Sippe andere Aufgaben als die Nahrungsbeschaffung übernehmen konnten. Er führte zu ungerechter, aber auch zu gerechter Herrschaft.

Hinter dem Verteidigungssystem des neolithischen Dorfes Eilsleben beispielsweise steckte eine straffe Organisation, die ohne Herrschaft schwer vorstellbar ist. Da sie dem Schutz des ganzen Dorfes diente, war es eine sinnvolle und gerechte Form.

Dagegen scheint die aufwendig errichtete Anlage in Goseck bereits ein Hinweis auf ungerechte Herrschaft einer Elite zu sein. Die beiden Holzpalisadenringe waren Versammlungs-, Handels- und Gerichtsplatz. Vor allem aber waren sie ein Kultplatz. Hier wurden die Winter- und Sommersonnenwenden sichtbar gemacht. Welchen Zweck aber verfolgte man mit solch einer aufwendigen Anlage? Eine reine Information für die Bauern, wann sich der Lauf der Sonne änderte und die Tage wieder länger oder kürzer wurden, kann es nicht gewesen sein. Dafür hätten, wie angedeutet, eine Astgabel und zwei Stöckchen genügt. In einem gewissen Winkel voneinander in die Erde gesteckt, hätte man, ähnlich wie über Kimme und Korn, das gleiche Ergebnis erzielt. In dieser Anlage aber wurden die Sonnenwenden zu einem Ereignis, einem ungeheuren Spektakel, zu einer Art Gottesdienst. Der „Astronom" kannte den Tag und die Stunde. Alle waren im Rondell versammelt. Und wie er es vorausgesagt hatte, ergoss sich plötzlich durch den engen Spalt eines Tores die volle Kraft der Sonne und erfüllte das halbdunkle Rondell mit gleißendem Licht. Ein Wunder! Der „Astronom" hatte dieses Wunder vollbracht. Er war der Herrscher über die lebenspendende Sonne. Nur Eingeweihte wussten, dass die astronomischen Kenntnisse das Ergebnis jahrhundertelanger Beobachtungen waren und nur innerhalb einer bestimmten Clique vererbt wurden. Dieses Observatorium war eine der ersten „Heiligen Lanzen" in der Geschichte. Allerdings scheint sich dieses Herrschaftswissen für die Gosecker Elite nicht im Besitz materieller Dinge ausgezahlt zu haben. Die Archäologen haben jedenfalls auf dem in der Nähe gefundenen Friedhof keine großen Unterschiede bei den Gräbern entdecken können. Ihre Privilegien müssen von anderer Art gewesen sein.

Dagegen wird die Herrschaft der Leubinger Elite auch materiell offenkundig. Die sogenannten Fürstengräber von Leubingen mit ihren reichen Beigaben stehen im krassesten Gegensatz zu den vielen ärmlichen Grabstellen der einfachen Bauern. Ihnen gab man für das Leben im Jenseits mit, was sie im irdischen Leben besaßen, nämlich nichts.

Die Herrenschicht der Kelten und Germanen wird ausführlich von römischen Schriftstellern beschrieben. Den religiösen Teil der Macht übten die Barden, Druiden und Seherinnen aus. Sie hatten das mündlich überlieferte Herrschaftswissen ihrer Vorfahren aus der Stein- und Bronzezeit übernommen und erweitert. Den weltlichen Teil der Herrschaft verkörperten die Ritter und Könige durch ihre bewaffneten Gefolgschaften. Die Könige werden bisweilen als besonders hochgewachsen und kräftig geschildert. Das ist ein Hinweis darauf, dass sie und ihre Vorfahren gut genährt waren und sich diese Ämter vererbt hatten. Diese Königsfamilien dichteten sich zudem einen göttlichen Ursprung an, wie der Kirchenhistoriker Beda Venerabilis im 8. Jahrhundert über die Könige der Sachsen, Angeln und Jüten berichtete:

*„Ihre ersten Führer sollen die beiden Brüder Hengest und Horsa gewesen sein … Sie waren Söhne Wihtgisls, dessen Vater Witta, dessen Vater Wecta, dessen Vater Woden war, aus dessen Stamm das Königsgeschlecht vieler Länder seine Herkunft ableitete."*

Das Herrschaftssystem der Kelten und Germanen spiegelte sich auch in ihrer Religion. Die Naturmächte wurden als Götter personifiziert, und im Götterhimmel ging es zu wie auf der Erde. Dabei verschob sich bei den Germanen im Laufe der Zeit auch die Wertigkeit ihrer Götter. Der oberste Gott des Wetters und der Fruchtbarkeit Donar/Thor stammte aus der Zeit, als die Germanen noch Ackerbau und Viehzucht betrieben und sich selbst versorgten. Später, als sie fremde Bauern beherrschten und sich von ihnen ernähren ließen, räumte Thor seinen Platz für den Kriegsgott Wodan/Odin, den die Römer mit ihrem Kriegsgott Mars verglichen.

Diese frühgeschichtlichen Herrschaftsformen sind aber einigermaßen nachvollziehbar. Die Erträge des Ackerbaus und der Viehzucht reichten nicht aus, um alle Menschen jederzeit satt werden zu lassen. Das Leben der Bauern war ein ständiger

Wechsel zwischen Hunger und Sattsein. Nur die Herrschenden sicherten sich mit Hilfe realer und „heiliger" Lanzen das Privileg, für sich und ihr Gefolge ständig genug Nahrung zu haben.

Auch zur Ottonenzeit waren die Privilegien der Elite überschaubar. Das erwähnte Erbe des Erzbischofs Brun beispielsweise diente ausschließlich der Befriedigung seiner normalen Bedürfnisse. Brun wollte für sich und sein Gefolge, auch während einer Hungersnot, satt zu essen, auf seinen Reisen ein Dach über dem Kopf, eine geheizte Stube und ein bequemes Bett. Im späten Mittelalter, als der gesellschaftliche Reichtum zugenommen hatte, wurden daraus riesige Schlösser, üppige Gelage, kuriose Luxusgegenstände, eine Schar von Mätressen etc. Aber auch diese Art von Luxus ist bei einigem guten Willen verständlich. Die meisten Menschen nämlich streben nach diesem Leben, auch sie wollen reich und mächtig sein, denn darin besteht für sie das Glück oder der Sinn des Lebens. Aber auch dahinter steckt wiederum eine „Heilige Lanze". Es ist die Werteskala, die die Eliten seit Jahrhunderten dem Volk einimpfen: Der Wert des Menschen besteht in seinem Besitz. Macht und Besitz bescheren Glück, im Konsum von Waren besteht der Genuss. Allerdings wirkt diese falsche Werteskala vor allem bei den Armen und Machtlosen. Wer selbst reich und mächtig ist, weiß, dass sie nicht stimmt. Andererseits aber hätte sich ohne diesen Anreiz die Gesellschaft viel langsamer entwickelt. Das Ziel, reich und mächtig zu sein, kann auch anspornen und solche Eigenschaften wie Fleiß und Disziplin erzeugen.

Früher hatte die Herrschaft von Eliten also nicht nur negative Folgen. Das aber hat sich geändert. Der Drang der Eliten nach Macht und Reichtum hat sich verselbständigt. Es geht nicht mehr um die Befriedigung ihrer materiellen Bedürfnisse. Ab einem gewissen Punkt von Reichtum geht es nur noch um Zahlen, um Prozente des Gewinns. Die bekannten Folgen sind Klimakatastrophen, Hungersnöte und Verteilungskämpfe im armen Teil der Welt. Im reichen führt es zu Werksschließungen, Massenentlassungen, Finanzkrisen und dem steten Abbau sozialer Systeme. Und wie bei den Ottonen braucht die Elite willfährige Gefolgsleute: Manager, Politiker, Richter, Polizisten und Soldaten. Auch sie bekommen, wie es in der Lebensbeschreibung des Augsburger Bischofs Udalrich heißt, *„jeden Tag so reichlich zu essen, dass es auch für dreimal so viele gereicht hätte."* Für die anderen aber, das gemeine Volk, genügen „Heilige Lanzen".

# Literaturverzeichnis
(Auswahl)


*Andert, R.:* Der fränkische Reiter. Dingsda Verlag, Querfurt 2006

*Ausgewählte Quellen zur deutschen Geschichte des Mittelalters,* Bd. IV–VII, Darmstadt o. J.

*Brühl, C.R.:* Fodrum, gistum, servitium regis. Köln 1968

*Caemmerer, E.:* Vor- und Frühgeschichte Arnstadts und seiner weiteren Umgebung. Jena 1956

*Dobenecker, O.:* Regesta diplomatica necnon epistolaria Thuringiae, 4 Bde., Jena 1896 – 1939

*Donat, P.:* Gebesee. Klosterhof und königliche Reisestation. Stuttgart 1999

*Dümmler, E.:* Geschichte des Ostfränkischen Reiches. Leipzig 1887 –1888

*Eberhardt, H.:* Das Krongut im nördlichen Thüringen von den Karolingern bis zum Ausgang des Mittelalters. In: Zeitschrift des Vereins für thüringische Geschichte und Altertumskunde, Bd. 45. Jena 1943

*Eckhardt, K.A.:* Die Gesetze des Karolingerreiches. Weimar 1953

*Franz, G.:* Geschichte des deutschen Bauernstandes vom frühen Mittelalter bis zum 19. Jahrhundert. Stuttgart 1970

*Friese, A.:* Studien zur Herrschaftsgeschichte des fränkischen Adels. Stuttgart 1979

*Gebuhr, K.:* Liubusua. In: Jahrbuch für brandenburgische Landesgeschichte 54, 2003

*Giesebrecht, W.:* Geschichte der deutschen Kaiserzeit. Braunschweig 1863

*Gockel, M.:* Die deutschen Königspfalzen. Göttingen 1984 ff.

*Grimm, P.:* Die vor- und frühgeschichtlichen Burgwälle der Bezirke Halle und Magdeburg. Berlin 1958

*Grimm, P.:* Tilleda. Eine Königspfalz am Kyffhäuser. Akademie-Verlag, Berlin 1968

*Hamel, E.; Vennemann, T.:* Vaskonisch war die Ursprache des Kontinents. In: Spektrum der Wissenschaft. Heidelberg 2002

*Hanappel, W.:* Das Gebiet des Archidiakonats Beatae Mariae Virginis Erfurt. Jena 1941

*Herrmann, J. (Hrsg.):* Archäologie in der Deutschen Demokratischen Republik. 2 Bde., Leipzig, Jena, Berlin 1989

*Herrmann, J. (Hrsg.):* Die Slawen in Deutschland. Ein Handbuch. Akademie-Verlag Berlin 1985

*Hessler, W.:* Mitteldeutsche Gaue des frühen und hohen Mittelalters. Berlin 1957

*Hilling, N.:* Beiträge zur Geschichte der Verfassung und Verwaltung des Bistums Halberstadt im Mittelalter. Lingen 1902

*Hirsch, S., Papst, H., Bresslau, H.:* Jahrbücher des Deutschen Reichs unter Heinrich II., 3 Bde., Leipzig 1862 – 1875

*Holtzmann, R.:* Geschichte der sächsischen Kaiserzeit, München 1961

*Jacob, G.:* Arabische Berichte von Gesandten an germanische Fürstenhöfe aus dem 9. und 10. Jahrhundert. Leipzig 1927.

*Kaufmann, D.:* Ausgrabungen im linienbandkeramischen Erdwerk Eilsleben. In: Zeitschr. f. Arch. 20, 1986

*Köpke, R., Dümmler, E.:* Kaiser Otto der Große, Jahrbücher des deutschen Reiches. Leipzig 1876

*Krüger, B. (Hrsg.):* Die Germanen. Ein Handbuch, Bd. 1 u. 2., Berlin 1983

*Lampert von Hersfeld:* Annalen. Wissenschaftliche Buchgesellschaft. Darmstadt 1957

*Lütge, F.:* Die Agrarverfassung des frühen Mittelalters im mitteldeutschen Raum. Jena 1937

*Matthias, W.:* Kataloge der mitteldeutschen Schnurkeramiker. Berlin 1968, 1974 u. a.

*Mahlstedt, I.:* Die religiöse Welt der Jungsteinzeit. Stuttgart 2004

*Patze, H., Schlesinger, W.:* Geschichte Thüringens. Köln/ Graz 1968

*Rimantiene, R.:* Die Steinzeitfischer an der Ostseelagune in Litauen. Vilnius 2005

*Röth, E.:* Mit unserer Sprache in die Steinzeit. Bad Langensalza 2005

*Röth, E.:* Sind wir Germanen? Das Ende eines Irrtums. Bad Langensalza 2006

*Schlüter, O., August, O.:* Atlas des Saale- und Mittleren Elbegebietes. Leipzig 1958

*Schölkopf, R.:* Die sächsischen Grafen 919 – 1024 (Studien und Vorarbeiten zum historischen niedersächsischen Heimatatlas Niedersachsen 22). Braunschweig 1957

*Stengel, E.E.:* Urkundenbuch des Klosters Fulda. Marburg 1913, 1956 und 1958

*Suhle, A.:* Deutsche Münz- und Geldgeschichte von den Anfängen bis zum 15. Jahrhundert. Berlin 1969

*Timpel, W.:* Die frühmittelalterliche und hochmittelalterliche Keramik im westlichen Thüringen 8.– 12. Jahrhundert. Stuttgart 1995

*Uhlirz, K. und M.:* Jahrbücher des Deutschen Reiches unter Otto II. und Otto III., 2 Bde., Leipzig-Berlin 1902 – 1954

*Waitz, G.:* Jahrbücher des Deutschen Reichs unter König Heinrich I., Leipzig 1885

*Walter, H.:* Namenkundliche Beiträge zur Siedlungsgeschichte des Saale- und Mittelelbegebietes bis zum Ende des 9. Jahrhunderts. Berlin 1971

*Weirich, H.:* Urkundenbuch der Reichsabtei Hersfeld. Marburg 1936

*Wenskus, R.:* Sächsischer Stammesadel und fränkischer Reichsadel. Göttingen 1976

# Erwähnte *Völker/ *Stämme und Personen

# Ortsnamen- und Burgen-Verzeichnis

# Erschienen im Dingsda-Verlag

## Neue Chursächsische Postcharte von 1753

Vierfarbig, 96 x 57,8 cm, EUR 19,90, ISBN 3-928498-20-7

Diese kartographische Arbeit stammt von dem „Königlichen Land- und Grenzkommissar“ Adam Friedrich Zürner, der im Auftrag August des Starken die kursächsischen Straßen vermaß.

## Das Stift Naumburg und Zeitz

Vierfarbig, 56,8 x 49,4 cm, EUR 15,00, ISBN 3-928498-21-5

Nach der um 1760 entstandenen Originalkarte von Johann Georg Schreibern. Mit 120 Kirchenabbildungen.